한눈에 읽는 외식창업 성공이야기 [시리즈 19]

톡톡 튀는 프리미엄
김밥 전문점

김병욱 지음

 킴스정보전략연구소

김 병 욱 소장

킴스정보전략연구소 소장인 김병욱 박사는 소상공인 창업 지원 연구, 개발, 평가, 심사, 위원으로 활동하고 있으며, 삼성그룹사가 작사와 1등을 뛰어넘는 2등 전략과 창업 틈새 전략 외 150여 권의 저서를 발표한 바 있다.

그 밖에 방송·산업체 강의, 평가 등의 활동과 동시 월스트리트저널에 의해 21세기 아시아 차세대 리더에 선임된 바 있는 정보전략가임과 동시 경영컨설턴트이다.

Contents

Contents

Contents

I

분식 전문점

1. 분식 전문점의 역사와 변천

1) 분식점의 역사와 정의

분식(粉食)은 '밀가루로 만든 음식'이란 뜻으로 라면, 빵 등을 말한다. 그러나 오늘날 분식은 떡볶이, 라볶이, 라면, 순대, 어묵, 튀김 등의 음식을 싼값으로 많이 주는 음식들을 지칭한다. 쌀이 부족하던 1960년대에는 정부가 분식을 장려하기도 했다. 분식은 메뉴에 따라 다섯 가지로 나눌 수 있다. 떡볶이, 김밥, 우동, 라면, 만두로 구분하였지만 어느 순간부터 튀김과 어묵, 순대 등은 분식점에서 빼놓을 수 없는 단골 메뉴가 되었다.

대표적인 분식 중 하나인 국수요리 또한 특별한 날에만 먹는 별미 음식이었으나, 1950년대 밀의 수입량이 증대하면서 국수는 일반화되기 시작하였다. 역사적으로 보면 국수를 삶아 판매하던 국수집이 오늘날 분식점의 근거가 된다. 냉면 및 칼국수 등은 각각 전문점으로도 입지가 확고해지고 분식점에서도 빼놓을 수 없는 메뉴로 자리매김하였다.

서울 사람들이 유두면을 비롯한 밀가루로 만든 음식을 먹을 수 있었던 시기는 조선 후기로 전해진다. 조선시대에 국수를 제조하는 기계가 만들어지면서 국수를 파는 집이 생기고, 국수가 상품화되었지만 우리나라 풍토상 밀농사가 소규모에 그쳤고 메밀은 한랭한 일부 고장에서만 재배되었다. 1930년대에 우리나라에서 재배하기 좋은 개량종 밀을 농촌에 보급하기 시작하였고, 해방 후 무상 원료로 밀가루를 받기 시작하여 1945년 최초로 한국인이 주인인 '상미당' 이라는 빵집이 등장하였다(주영하, 2013). 1960년대에 미국으로부터 대규모의 밀가루가 도입되고, 쌀 소비를 줄이기 위하여 혼·분식 장려 운동과 수요일과 토요일은 쌀을 먹지 않고 분식을 먹는 '분식의 날' 을 정하여 분식 소비를 장려하기도 했다.

주영하(2013)는 1972년부터 칼국수집이 문전성시를 이루며, 일반 가정집에서도 빵과 국수로 식사를 하고 만두, 쫄면, 냄비우동, 떡볶이 등을 파는 분식점이 본격적으로 증가하기 시작했다고 하였다. 이후 특히 학교나 학원가에서 떡볶이 등의 간식을 파는 형태로 분식점은 확장되어 갔고, 이때에 분식은 식사의 개념이 아닌, 학생들이 주 소비층이 되는 길거리 음식 중 한 형태로 인식이 되었다.

21세기에 들어서면서 국민소득이 증가하고 사회구조가 맞벌이와 1인가구 등이 많아지고, 전반적인 사회가치관의 변화와 더불어 식생활의 변화를 가져왔다. 자신과 가족의 건강 및 장수에 대한 관심이 증가하고, 주부들의 사회 활동이 늘어남에 따라 가사노동시간을 효율적으로 줄일 수 있는 방법들이 필요하게 되었다. 가능한 간편하고 빠르게 식사를 하기 위한 편의성을 추구하여 다양한 종류의 음식을 먹고 더 많은 외식을 하게 되었고 식사의 장소와 종류에도 변화가 생기게 된 것이다.

사전적 정의에 따르면 분식은 밀가루 유형으로 만든 음식이라는 뜻이며, 가루로 만든 음식을 먹는다는 뜻을 내포하고 있다. 한문의 뜻을 그대로 풀이하면 '가루음식'이라고 정의 할 수 있는데, 분식집은 국수나, 만두, 튀김, 우동, 빵과 같이 비교적 간단하고 빠르게 먹을 수 있는 음식 등을 파는 식당을 일컫는다.

한국표준산업 분류에 따른 분식 및 김밥전문점은 음식점업 아래 세분류인 기타음식점업 안에 위치한다(한국외식연감, 2013). 최근 소상공인 진흥원에서 발간한 『분식점 창업가이드』에 따르면 분식 전문점의 일반적 정의는 '생계형 및 소자본'이라는 특성을 가진 스낵, 라면집, 김밥집, 만두집, 기타 소규모의 간이 음식점이라고 하며, 현대 분식업은 독립점포 또는 프랜차이즈 점포로 구분되어진다.

1994년부터 주방을 홀로 끌어들이며 매장전면에서 김밥을 말아 판매하는 '김家네'의 등장으로 분식 프랜차이즈가 본격적으로 시작하게 되었다. 곧 '종로김밥', '충무김밥', '압구정김밥' 등 다양한 김밥브랜드가 경쟁을 벌이며 '김밥 전문점'이 성장했다. 소비자의 요구에 의해 계속 발전해가며, 지금까지도 분식업계의 큰 카테고리로 계속 성장하고 있고, 김밥과 동시에 떡볶이 전문점, 일본식 우동 전문점과 '장우동', '용우동', '한우동' 같은 한국형 우동 전문점도 분식시장에서 증가하고 있는 추세이다. 분식점의 프랜차이즈화가 이루어지면서 가장 눈에 띄게 된 것 중 하나는 메뉴의 다양성과 변화다. 떡볶이, 라볶이, 라면, 순대, 어묵, 튀김 등을 판매하던 분식점이 김밥류, 찌개류, 볶음밥류, 비빔밥류, 일품요리(돈가스, 오므라이스)등 다양한 메뉴를 저렴한 가격에 제공하여 군것질보다는 식사를 할 수 있는 장소로 변화하게 되었다.

2) 분식점의 현황

인간의 기본적인 생활양식인 의식주 중에서 식생활 행동은 가장 큰 비중을 차지하며 개개인의 사회, 경제, 문화적 조건 등의 생활형태에 의해서 밀접하게 연관되어 변화해 왔다. 바쁜 일상과 다변화된 사회적 변화는 식사의 형태를 외식으로 변화하게 하여 대학가에서는 도시락 문화가 사라지고 분식점이나 패스트푸드점들의 점포수가 늘어나게 되었다(이진경, 2009).

통계청(2015)의 자료에 의하면 2007년부터 2009년까지 분식점 사업체 수는 약간의 하락세를 보였으나, 2011년부터 2013년까지 다시 사업체수가 증가하여 현재 외식시장에서 큰 비중을 차지하고 있음을 알 수 있다. 2015년 말 기준 분식점은 43719개의 점포가 운영중이 며 매출은 2015년 말 기준 평균 8000만원인 것으로 나타났다.

〈표1〉 최근 분식점 사업체수 분석

시도별	산업별	2017	2016	2015	2014	2013	2012	2011
전국	분식 및 김밥 전문점 사업체수	43,719	45,928	45,070	44,912	45,454	45,701	52,063

자료 : 통계청(2017).

패스트푸드 레스토랑의 시작은 1979년 국내 롯데리아의 등장을 시작으로 패스트푸드의 용어가 사용되기 시작하였다. 1980년대 초의 외국계 글로벌 외식기업들의 활발한 국내시장의 진입과 국내 순수 브랜드 패스트푸드 레스토랑의 탄생으로 오늘날 우리나라 국민의 식 문화에 많은 브랜드의 패스트푸드 레스토랑이 생활 깊숙이 자리 잡 고 있다. 여기서 패스트푸드는 '반 조리된 식품을 주문과 동시에 간 단하게 가게에서 조리를 하여 손님께 바로 곧 먹을 수 있도록 제공 되는 음식' 을 말하며 최근에는 분식점들이 프랜차이즈화 되면서 패스트푸드 시스템 구조로 전환된 곳이 많아졌다.

통계청 조사에 따르면 2008년 이전까지는 전국의 분식점이 감소세를 보였으나, 2008년부터 프랜차이즈 분식점이 꾸준히 매장수가 증가하고, 이 같은 프랜차이즈 분식점의 증가는 전체 분식점 시장의 성장을 키우는 원동력이 되었다(아시아투데이, 2013). 프랜차이즈 분식점은 김밥, 라면, 떡볶이, 우동, 만두, 포크커틀릿, 김치라이스, 된장찌개 등 분식, 한식, 양식 모두를 취급하는 경우가 대부분이며, 본사의 관리 하에 규격화된 식재료로 음식의 맛뿐만 아니라 실외와 실내 디자인의 차별화 등 분식점의 물리적 환경도 전문화되고 있는 추세이다.

김두진(2012)에 의하면, 아침을 먹는 응답자는 '편의점'이나 '분식전문점'에서 대체로 '김밥/주먹밥' 등을 사먹는 경우가 많았으며, 집 밖에서 아침을 먹는 응답자 10명 중 7명가량은 약 '2천원~5천원'을 아침 식사용 음식 구매에 비용을 지출하는 것으로 나타냈다. 젊은이들이 점심 때 잘 가는 음식점은 분식점이 59.3%로 가장 많았고, 다음 한식집, 중국집, 햄버거집 순으로 이들이 패스트푸드를 좋아하는 이유는 가격이 싸고 서구적이고 세련된 장소가 제공되기 때문이다.

대학생들이 대학가 분식점을 이용하는 특성 중에서 분식점을 식사

장소로 정한 이유에 대한 분석결과는 맛이 좋기 때문이 가장 높게 나타났고, 다음으로 비용, 기타의 순으로 중요하게 생각하고 있었으며, 친구들과 어울리기 위해 분식점을 찾는 응답자는 많지 않은 것으로 조사되었다. 그리고 일반적 특성별 분식점 선호 이유에 대한 결과는 성별에 따라서 차이를 보였는데, '음식이 다양해서'는 여성이 남성에 비해 상대적으로 높게 나타났다. 비용은 남성이 여성에 비해 매우 중요하게 생각하는 것으로 나타나, 남성은 맛 못지않게 비용 때문에 분식점을 이용하는 것을 알 수 있다.

<표2> 김밥 / 떡볶이 / 만두 전문점 프랜차이즈 현황

브랜드명	회사명	가맹점수	매출액 (천원)
김家네	㈜김家네	409	28,090,594
김밥천국	㈜정다믄	266	590,824
종로김밥	㈜제이알	92	3,663,910
아딸	㈜오투스페이스	642	25,678,736
죠스떡볶이	㈜죠스푸드	388	56,029,269
국대떡볶이	㈜국대F&B	126	9,886,480
명인만두	㈜명인F&B	121	10,457,683

자료 : 공정거래위원회, 가맹사업거래 정보공개서(2015).

〈표2〉의 김밥과 떡볶이, 만두 전문점의 가맹점 수와 매출액 현황은 전체 외식시장에서 큰 비중을 차지하고 있음을 알 수 있다. 김밥 전문점에서는 주 요리인 김밥을 비롯한 라면, 떡볶이, 어묵국 등 다양한 분식을 판매하며, 영업형태는 개인의 독립적인 가게와 가맹점 또는 직영점으로 운영하는 프랜차이즈 체인점이 있다. 대표적인 김밥 프랜차이즈에는 김가네, 김밥천국, 종로김밥, 김밥나라, 고봉민김밥 등이 있다.

3) 현대 분식점의 특성

현대사회에서는 다양한 소비문화가 증가하면서 일반적인 문화 중에서 소비문화가 차지하고 있는 비중이 매년 커지고 있는 추세이며, 음식 문화 자체에도 큰 영향을 끼쳐서 기존 음식의 평가기준이 바뀌고 다양해지게 되었다. 과거에는 영양과 맛이 음식 선택의 기준이었다면, 현대는 음식점의 분위기와 서비스가 점차 중요시 되고 있는 실정이다. 김지원(2014)은 소상공인을 위한 디자인 가이드 매뉴얼 연구에서 이용 고객이 어떻게 점포를 선택하며 점포 내에서 어떠한 의사결정을 하는지를 아는 것은 소매 마케팅 전략의 기본이요, 출발점으로서 이용고객을 이해하는데 필수적인 과정이라고 하였다.

〈표 3〉에서 로고와 간판 같은 디자인적 요소가 분식점 선택의 중요 요소로 작용하는 가에 대한 질문에는 절반이 넘는 82명(73%)의 소비자가 영향을 준다고 답했고, 분식점 선택에 영향을 미치는 구체적 디자인 요소(로고와 간판은 제외)로 인테리어, 포장 및 용기를 뽑은 소비자는 각각 44명(31%)였으며 그 밖의 답변은 시각광고물 40명(28%), 유니폼 8명(6%), 기타 6명(4%)의 순으로 나타났다. 동일 가격을 전제로 했을 때 친근하고 좋은 디자인의 구매행동 연결에 영향을 끼치는가에 대한 질문에는 매우 도움이 된다는 의견이 51%(57명)로, 분식점 선택 시 디자인의 역할이 구매행동에 직접적인 영향을 미치는 것으로 조사되었다.

김미정(2008)은 분식점을 찾는 고객들의 선택기준에 대하여 학생은 양과 가격, 일반인은 맛과 분위기, 여성은 분위기와 이미지를 중시하고 있는 반면 장년층은 이용의 편의성을 중시한다고 하였고, 이정아(2008)는 음식의 맛이 소비자의 선택에 미치는 영향도 크지만 이제는 어디에서 식사하는가에 따라 심리적인 것과 물리적인 면에 많은 영향을 끼치게 되었다고 하였다. 다른 외식업체보다 패스트푸드점을 이용하는 고객들이 재방문 의도에 가장 크게 영향을 끼치는 것은 서비스를 이용했을 때 고객들이 느낀 '만족도'인 것으로 드러났다(김석준·정광현·조용범, 2008).

<표3> 분식점 선택시 디자인의 중요도

분식점 선택 시 로고나 간판 등이 중요한 영향을 준다고 생각하십니까?		
그렇다	아니다	계(명)
82(73)	30(27)	112(100)
로고나 간판 외에 분식점 선택시 영향을 주는 요소는 무엇입니까? 예) 시각 광고물, 포장 및 용기, 인테리어, 유니폼, 기타 (복수응답가능)				
시각 광고물 (전단, 메뉴판 등)	포장 및 용기	인테리어	유니폼	기타
40(28)	44(31)	44(31)	8(6)	6(4)
동일한 가격이라면 친근감 있고 좋은 디자인이 분식점 선택에 영향을 준다고 생각하십니까?				
매우 도움이 된다	도움이 된다	보통이다	도움이 되지 않는다	매우 도움이 되지 않는다
57(51)	36(32)	9(8)	6(5)	4(4)

자료 : 김지원, 소상공인을 위한 디자인 가이드 매뉴얼 개발 연구(2014).

2. 분식 전문점의 프랜차이즈 동향

오늘날 분식 프랜차이즈는 주메뉴에 따라 전문점을 표방하면서도 서브 메뉴가 많다는 것이 공통된 특징으로 그 대표적인 것이 김밥전문점이다.

현재 음식점에서 취급하고 있는 메뉴는 라면과 떡볶이, 우동, 돈가스, 덮밥 등 웬만한 분식은 물론 한식, 양식 메뉴까지 수십 가지가 넘는다.

1) 분식 프랜차이즈의 개척

분식 프랜차이즈의 본격적인 물꼬를 튼 것은 1994년이다. 주방을 홀로 끌어내며 매장 전면에서 김밥을 말아 판매하는 〈김家네김밥〉이 그때 등장했다. 〈김家네김밥〉은 1994년 대학로에서 즉석김밥이라는 블루오션을 개척했다. 대학로라는 이점을 이용해 대학생을 주요 고객으로 설정했다. 당시 대부분의 김밥집들은 세 가지 정도의 속 재료를 넣은 김밥을 주방에서 말아 쌓아놓고 손님이 오면 썰어서 내주는 식이었으나, 〈김家네김밥〉은 아홉 가지 이상의 속 재료를 사용해 고객이 볼 수 있는 장소에서 즉석으로 김밥을 말아 주는 콘셉트였다. 김밥을 마는 조리과정을 길거리에서도 훤히 볼 수 있게 쇼윈도 형으로 꾸며놓았는데, 이것이 젊은 고객층을 매장으로 끌어들이는 역할을 했다. 점포 인테리어도 당시 분식집으로서는 심플하면서도 깔끔한 이미지로 디자인했다.

〈김家네김밥〉에 이어 〈종로김밥〉, 〈충무김밥〉, 〈압구정김밥〉 등 다양한 김밥 브랜드가 경쟁을 벌이며 김밥전성기를 구가했다. 이때

우동전문점도 함께 등장하게 되는데 〈장우동〉, 〈용우동〉, 〈한우동〉
이 대표적이며, 이들은 우동 외에도 김밥이나 떡볶이를 함께 취급했
다.

떡볶이, 라볶이, 라면, 순대, 어묵, 튀김 등을 판매하던 분식점이
프랜차이즈점으로 발전하면서 김밥류, 찌개류, 볶음밥류, 비빔밥류,
일품요리(돈가스, 오므라이스) 등 다양한 메뉴를 저렴한 가격에 제공
해 군것질보다는 식사하기 위한 장소로 거듭나게 되었다. 또한 떡볶
이와 김밥, 국수, 튀김만을 전문점으로 취급하는 업소도 늘어나고 있
는 추세다.

2) 위생과 식재료 품질 향상으로 분식의 프리미엄 화

1994년 〈김家네김밥〉이 김밥으로 프랜차이즈에 성공했다면, 2000
년 〈아딸〉이 떡볶이와 허브튀김으로 세상에 나온 시기다. 〈아딸〉의
경우 2000년 11월 3000만원으로 26.45㎡(8평) 짜리 떡볶이 가게를
시작하여 입소문을 타게 되면서 2003년 4월 〈아딸〉로 탄생하게 된
것이다. 현재 〈아딸〉은 1000호가 넘는 가맹점을 둔 기업으로 성장
했다.

초기 〈아딸〉의 메뉴 개발은 이곳 대표의 장인이 운영하던 문산

튀김집에서 기술을 전수받은 것으로부터 시작했다. 당시 어른들은 떡볶이를 잘 사 먹지 않았는데 그 이유로 '위생'을 꼽았다. 따라서 무엇보다도 위생에 신경을 써 가게를 깨끗하게 하고, 직원들에게 단정한 유니폼을 입혔다.

또 웰빙 열풍에 관심을 두고 튀김가루에 허브를 첨가했으며 식용유는 다양한 기름을 섞어 맛있는 비율을 찾아 사용했다.

2005년 서울 가로수길에 등장한 〈스쿨푸드〉는 기존의 분식집 이미지를 완전히 깨트리는 최초의 프리미엄 분식시장을 개척한 브랜드다. 당시 '길거리 음식'의 대명사로 불리는 분식을 카페와 같은 인테리어와 차별화된 서비스, 깔끔한 담음새 등을 통해 요리로 선보였다.

〈아딸〉의 대표는 2002년 서울 논현동 뒷골목 지하에 조그마한 방을 얻어 배달을 전문으로 시작했다. 배달 사업이 활성화되면서 당시 외식업 입지로는 아무도 눈여겨보지 않았던 가로수길에 첫 번째 매장을 오픈했다. 분식이지만 인테리어를 카페처럼 꾸미고, 카페나 레스토랑에서 제공하는 서비스와 음식도 조금 더 가치 있어 보이도록 하기 위해 담음새와 그릇에 신경을 써서 고객들에게 제공했다. 쌀과 배추, 돼지고기, 닭고기 등 대부분의 원재료는 국내산으로 사용하고, 태양초 골드 고추장, 완도산 김 등 음식의 맛과 질을 높이는 원재료를 선택했다. 체계적이고 효율적인 레시피와 소스, 〈아딸〉만의 노하우로 담근 장아찌를 바탕으로 한 다양한 메뉴가 타 분식업체와는 차별화된 경쟁력이 되었다.

3) 대형 프랜차이즈 브랜드 분식 기업의 각축전

2007년 9월 서울 안암동 고려대 인근에서 약 23.14㎡(7평)으로 시작한 〈죠스떡볶이〉의 대표는 떡볶이 레시피와 매운 떡볶이, 수제 튀김, 찹쌀순대, 부산어묵 등 4가지 주력 메뉴의 식재료를 찾기 위해 전국 50여 곳의 떡볶이 맛집을 찾아 쓰레기통까지 뒤지고 다녔다고 한다. 떡볶이는 당일 생산한 쌀떡을 사용하고 순대는 야채에 땅콩아몬드를 넣었다. 튀김유와 튀김가루는 오뚜기, CJ제일제당 등과 공동 개발한 전용 재료를 사용했다. 〈죠스떡볶이〉의 떡 길이는 3.5㎝로 통일하고 있는데, 립스틱 때문에 떡을 잘라먹는 버릇이 있는 20~30대 여성들이 한 입에 먹을 수 있도록 하기 위해서다. 〈죠스떡볶이〉는 현재 가맹점 약 550개 등을 보유하고 있는 외식 대기업으로 성장했다.

2013년 7월 론칭한 죠스푸드의 김밥 브랜드 〈바르다김선생〉도 폭발적인 인기를 이어가고 있다. 김, 단무지, 계란, 햄, 쌀 등 식재료를 고급화해 프리미엄 김밥 시장에 안착했다.

2009년 부산 남구 용호동에서 시작해 입소문을 타면서 출발한 〈고봉민김밥人〉은 부산지역 김밥 명소로 이름을 날리다가 프리미엄 김밥 브랜드로 성장했다. 길에서 1000원짜리 한 줄 김밥을 팔던 고봉민 대표의 노하우는 '좋은 재료를 쓸 것', '김밥은 주문을 받은 뒤에 만들 것'이 전부다. 매일 아침 재료를 준비하는데 천연 재료로 육수를 내고 남은 김밥 재료는 버렸다. 그 결과 엄마가 싸준 것 같은 정성스러운 김밥이 탄생했다. 돈가스 김밥, 떡갈비 김밥, 매운 김밥, 새우 김밥 등 독특한 메뉴는 전국으로 확산시키기에 충분했다. 2016년 500호점을 달성했다. 〈스쿨푸드〉가 분식을 요리로 탈바꿈해 한국식 캐주얼 레스토랑으로 시장을 개척했다면 〈고봉민김밥人〉은 프리미엄 김밥으로 프랜차이즈에 성공한 사례다.

프리미엄 김밥 카페 〈바푸리〉는 2013년 기존 프리미엄 분식과 카페를 하나의 콘셉트로 시장에 선보인 후 2014년 250호점을 달성했다.

반면 기존 1세대 중저가 김밥 프랜차이즈 기업들의 가맹점 수는 2016년 기준으로 보면 답보 상태에 있다. 2015년 대형 프랜차이즈 분식 기업들이 각축전을 벌인 가운데, 메뉴 경쟁력이 부족한 독립점포들은 설자리가 더욱 부족해지고 있다. 또한 분식은 카페나 기타

이업종 간의 융합을 통해 새로운 콘셉트로 시장에 진입할 가능성이 크다. 이미 화덕피자와 떡볶이, 짬뽕과 피자 등 전혀 예견할 수 없는 업종 간 콜라보레이션이 눈에 띄게 등장했다.

하지만 신 메뉴 개발은 타사의 메뉴를 흉내 내는 수준에서 벗어나 새로운 창조적 활동이 필요하다. 그래서 사업주 혼자 아이디어를 만들어 내는 협의 시안보다는 종업원과 고객, 주위 조언자들과 함께하는 위키 경영(Wikimanagement)이 대세다. 위키 경영은 위키의 개념을 경영에 접목한 경영방식으로, 직원이 경영에 참여해 빠르고 창의적으로 문제를 해결하는 경영시스템으로 관리적 의사결정을 참여형 의사결정으로 바꾼 것이다.

외식 대기업은 R&D 부서에서 신메뉴를 정기적으로 개발하지만 일반적인 외식업소는 개발이 어려운 실정이다. 또 사업주의 입맛보다는 늘 소비자의 입맛이 경쟁을 좌우한다. 언론에 보도된 '패밀리 레스토랑의 몰락'을 보면 2005년까지 최고의 전성기를 누렸던 패밀리 레스토랑의 경우 내수 침체와 외식 트렌드의 변화, 획일적 콘셉트라는 삼중고에 빠지면서 생존이 위태로운 상황이다. 이들 기업은 적극적으로 신메뉴를 지속적으로 출시하고 유명 배우를 내세워 마케팅 활동을 꾸준히 해왔음에도 실패를 피하지 못하고 있다.

신메뉴는 단순한 조리법만을 개선하는 것이 아니다. 아무리 맛있는 음식이라도 고정된 개념을 탈피하지 않는 상황에서 개발된 메뉴는 몇 회는 응용이 가능하나, 시스템적으로 변화가 요구되는 시기에서는 더 이상 수용될 수 없는 상황에 직면하게 된다. 아직도 1세대가 경영 일선에서 진두지휘하고 있는 외식기업 중 답보상태에 있는 곳들은 고정관념을 탈피하지 못하고 있다.

전체적으로 분식프랜차이즈 업계는 프리미엄 김밥브랜드가 사업을 본격화하여 간식에 그쳤던 분식이 식사와 외식으로 변모하면서 성장하고 있다. 높은 가격에 마진을 최소화한 사이드 메뉴의 종류도 다양해지면서 메뉴의 양극화가 나타나고 있으며, 메뉴뿐만 아니라 매장 인테리어도 카페형으로 꾸며 다양한 연령층의 고객이 방문하도록 하고 있다.

경기가 나빠질수록 신규 창업자들은 대중성과 안정성을 담보하는 업종을 찾게 되는데 가장 눈에 띄는 업종이 한식과 프리미엄 김밥전문점이다. 김밥전문점은 분식 전문점 시장을 대체하면서 안정적으로 시장의 트렌드를 주도하고 있다. 〈바르다김선생〉이 시장을 이끌어가는 가운데 〈고봉민김밥〉 등 새로운 브랜드가 생겨나고 있다. 2013년 7월 론칭한 〈바르다김선생〉 프랜차이즈는 〈죠스떡볶이〉 브랜드를 가진 죠스푸드가 운영하고 있다. 2007년 론칭한 〈죠스떡볶이〉는 떡볶이와 김밥의 연이은 성공으로 2014년 죠스푸드 본사 매출은

1000억원을 돌파했고, 이 중 〈바르다김선생〉의 비중은 20% 정도를 차지하고 있다.

김가네는 프리미엄 김밥 브랜드로서 입지를 확고히 하면서 브랜드 리뉴얼과 신메뉴 개발 등의 사업을 진행하고 있다. 브랜드 간 경쟁이 치열해지고 수익률도 악화되고 있는 구조의 돌파구로 해외진출을 선택한 기업들도 많다. 김가네는 중국시장에 진출해 베이징을 시작으로 칭다오 등에 본사의 직접 운영보다는 간접투자 개념의 마스터 프랜차이즈계약을 통한 안정적인 형태로 사업을 확대하여 중국가맹점이 지속적으로 증가하고 있다.

〈아딸〉은 새로운 상권개발과 프리미엄 아딸 브랜드를 론칭한 후 본격적으로 특수매장을 늘려나가고 있다. 특히 휴게소, 마트, 백화점 등 특수 상권 오픈에 주력하여 매출 상승에 주력하고 있다.

〈스쿨푸드〉는 캐주얼 한식 브랜드로 브랜드 리뉴얼을 단행하였으며, 〈얌샘〉은 메뉴개편과 맛을 업그레이드한 신규 브랜드 론칭으로 경쟁력을 강화하고 운영의 안정화를 도모하는데 주력하였다. 또한 다브랜드 전력과 사업다각화 전략을 계획하고 있다. 또한 특화된 서비스, 카페형 인테리어와 프리미엄 메뉴 및 이색메뉴를 출시해 소비자 선택의 폭을 넓혔다.

3. 분식 전문점의 경영 현황

한국 경제가 끝 모를 추락을 거듭하고 있다. 현재 우리나라가 겪고 있는 가계소득 둔화, 내수부진, 저금리 정책으로 쌓여온 가계부채의 부실화, 저출산 고령화로 인한 노동력 감소, 부동산 경기의 경착륙 등 일련의 현상들이 일본의 '잃어버린 20년'을 닮아가고 있다. 실제로 IMF가 보고한 '2015 World Economic Outlook'에 따르면 신흥국의 GDP는 평균 5~6%의 성장을 지속하고 있지만, 선진국들의 세계 평균은 3%대에 머물러 있다.

1) 분식집 월매출

일반적으로 분식집은 적은 자본에다 매출액 편차가 적고 진입장벽이 낮아 비자발적 창업이라 할지라도 비교적 안정적인 업종이라고 생각하기 때문에 경기가 침체되더라도 영향을 적게 받는 업종이다.

실제로 최근 3년간 우리나라 경기가 침체일로에 있음에도 분식집 창업은 꾸준히 늘어나 2013년에 2만4300개에서 2014년에는 2만5800개, 2015년 2만9300개로 전년대비 3500개나 늘었다. 월평균 매출 역시 2140만원에서 2320만원, 그리고 2530만원으로 다소 늘고 있는 추세다. 자영업 전체로 보면 매년 창업자 수가 줄고 있음에도 유독 분식점이 계속해서 늘고 있는 것은 베이비부모들의 은퇴시기와 맞물려 생계형 1인 창업자들의 상당수가 분식점을 선택했기 때문이다. 사업자등록상 분식집으로 등록한 자영업자는 전국에 4만개 남짓이지만 유사 업종으로 등록한 경우까지 감안하면 약 5만개가 넘는 사업체가 영업 중인 것으로 예측하고 있다.

시도별 비율을 보면 서울이 전체의 28.5%가 있고, 경기도에 24.4%가 있어 둘 중 한 개는 수도권 지역에 몰려있다. 다음은 경남이 6.4%, 부산이 5.9%다. 흥미로운 사실은 경기도가 총인구에서 차지하는 비중이 24.2%인데 분식집도 24.4%여서 대체로 균형이 잡혔지만, 서울은 인구 비중이 19.6%인데 분식집은 28.5%나 된다(2015년 기준). 서울은 이미 과포화라는 얘기다. 인구 대비 점포수가 경기도보다 서울이 많음에도 불구하고 매출은 서울이 높다. 그만큼 서울에는 분식으로 끼니를 때울 만큼 숨 가쁘게 살아야 하는 사람들이 많음을 상징적으로 보여주고 있는 것이다.

2) 커피전문점보다 시장파이가 큰 분식점

그렇다면 우리나라 분식집의 시장규모는 어느 정도일까? 마이크로

데이터의 메카 '㈜나이스지니데이터'(2015년 기준)를 통해 분석해 본 결과를 보면 약 9조원에 가까이 되는 것으로 나타나고 있다. 이 정도 규모는 자영업의 대명사라 할 수 있는 치킨전문점의 10조2000억원보다는 적지만 중식의 7조2000억원이나 커피전문점의 6조9000억원보다도 크다는 사실에서 통계로만 보면 결코 동네 장사라는 느낌이 들지 않을 만큼 상당한 시장규모를 이루고 있음을 알 수 있다.

좀 더 세부적으로 들어가 보자. 전술한 바와 같이 분식집의 전국 월평균 매출액은 2530만원이다. 이에 비해 서울은 3370만원, 경기도는 2840만원의 매출을 올리고 있다.

<표4> 전국 분식집 영업현황 비교

(단위 : 천원)

	월평균 매출액	중위 매출액	점포 수(개)	업력(년)	주소비층
전국	25,332	13,447	29,370	3.1	40대(34.5%)
서울	33,705	19,036	7,357	3.6	30대(34.6%)
경기	28,463	17,794	6,308	3.2	40대(36.4%)

자료 : 이형석, ㈜나이스지니데이터(2016, 118-119).

〈표4〉에 대한 설명을 덧붙이자면 평균 매출이 높다고 분식집을 창업해서는 이 정도의 매출을 올릴 수 없다. 글자 그대로 평균은 모든 점포의 매출을 더해서 다시 점포수로 나눈 값이기 때문에 대체로 높게 나오는 경향이 있다.

3) 분식점 고객 구조와 지역별, 계절별 매출

(1) 고객층 여성보다는 남성의 40대 초반 비중이 높다.

분식집을 찾는 고객을 성별로 보면 그 비율은 58:42로 남자의 비중이 약간 높았다. 연령별로는 30세~45세 사이가 53%로 가장 많았는데 특히 40대 초반 비중이 높다. 반면에 가장 많은 비중을 차지할 것으로 생각됐던 20대는 의외로 적은 14.3%에 불과하다.

요일별로는 평일과 주말이 각각 69%와 31%로 주 중에는 금요일, 비중이 가장 높다. 하지만 평일의 요일별 차이는 그리 큰 편차를 보이지는 않았다. 시간대별로는 역시 점심시간인 12시~15시 사이와 저녁시간대인 18시~21시 사이에 집중된다.

그래서 직장인과 학생들 간에 어떤 점에서 차이가 나는지 알아보기 위해 서울 여의도 학원가가 밀집해 있는 노량진을 비교했을 때, 노량진은 1만원 이하가 73.5%로 대부분이 소액결제를 한 반면, 여의도는 평균 1만7000원으로 나타났다.

연령별로 보면 25세~35세 사이가 가장 많았고, 여의도는 30세~45세 사이가 고루 분포되어 있는 것으로 나타났다. 요일에 있어서는 상권 특성상 노량진은 일주일이 고루 나타나는 반면에 여의도는 주말 매출이 평일의 20% 수준에 그치고 있는 점에서 지역 간 같은 메뉴일지라도 소비금액에서 뚜렷한 차이가 있음을 알 수 있다.

(2) 서울은 서초, 성동, 은평구가 유망지역, 경기도는 성남시 우세

분식 업종을 세분화해서 볼 때 세부 업종 중 떡볶이, 라면, 김밥집은 노량진이 우세하지만 만두, 칼국수는 여의도가 단연 매출이 높은 것으로 나타났다. 특히 만두, 칼국수집은 노량진에는 10개 밖에 없지만 여의도에는 36개나 영업 중인 것으로 나타나 확연한 차이를 보여주었다. 그리고 학원가에서는 분식 중에서 떡볶이, 라면, 김밥 등이 잘 되는데 객단가가 낮아야 하고, 오피스 지역에서는 만두와 칼국수집이 다른 분식에 비해 유리한 것으로 판단할 수 있다.

그렇다면 서울의 경우, 어느 지역에서 창업이 가장 유망할까? 유망한 상권을 찾으려면 크게 두 가지 지표를 참고하면 되는데 매출이 어디가 가장 높은가? 그리고 최근 매출이 어느 지역에서 증가하고 있는가를 봐야 한다.

먼저 매출 상위 지역으로 보면 강남, 서초, 종로구가 가장 높고, 최근 가장 매출이 많이 증가한 지역으로는 성동구, 은평구, 중랑구이다. 이를 종합해 보면 서초, 성동, 은평구가 서울에서는 가장 유망한 지역으로 추정할 수 있다.

이번에는 경기도로 경기도 31개 시군구를 집중 분석해 본 결과, 과천시가 가장 높은 매출을 올렸고 다음이 화성과 용인 순으로 나타났다. 점포수가 가장 많은 곳은 성남시로 576개가 있고, 다음이 용인시(512개), 고양시(466개)였다(표5 참조).

지역별 업력, 즉 현재 영업 중인 분식집이 창업해서 현재까지의 영업 기간을 분석해 본 결과 전국 평균은 3.1년이었고 경기도는 3.2년으로 나타났다. 이를 기준으로 보면 연천군(5.5년), 여주시(4.9년), 동두천시(4.3년)의 평균 영업기간이 상대적으로 높았다. 그럼에도 매출액은 중하위에 랭크되어 있다.

매출액이 적음에도 불구하고 업력이 길다는 의미는 폐업할 경우 다른 대안이 없는 생계형 자영업자이거나 임대료가 상대적으로 낮은 지역이어서 비록 어렵지만 꾸려 갈만한 상황이 된다는 뜻이다.

〈표5〉 경기도 31개 시군구 분식집 영업현황

지역	월평균매출액	중위 매출액	점포 수(개)	업력(년)	주소비층
과천시	59,750	38,946	40	3.5	40대(39.6%)
화성시	56,301	21,666	251	3.4	30대(44.6%)
용인시	34,260	21,338	512	2.7	40대(43.4%)
구리시	34,247	22,303	87	2.6	40대(37.4%)
성남시	33,674	18,548	576	3.0	40대(36.3%)
고양시	31,860	21,050	466	2.7	40대(38.2%)
안양시	31,150	20,342	378	3.5	40대(34.7%)
오산시	29,552	13,890	141	3.3	30대(37.1%)
수원시	29,545	13,172	707	3.2	40대(36.0%)
김포시	29,112	19,403	110	2.1	40대(38.9%)
하남시	27,440	18,021	53	3.2	30대(40.6%)
평택시	26,631	16,216	263	3.1	40대(34.5%)
광주시	25,342	18,968	110	3.2	40대(36.9%)
양주시	25,032	19,141	71	2.6	40대(36.9%)
부천시	24,472	19,801	462	3.1	40대(34.6%)
광명시	24,394	14,658	194	4.0	40대(36.5%)
남양주시	24,095	29,662	232	2.9	40대(37.0%)
시흥시	24,004	15,868	271	4.0	40대(35.6%)
파주시	23,316	13,493	178	3.2	30대(36.1%)
의왕시	23,211	17,561	69	3.3	40대(40.0%)
포천시	23,004	11,968	51	3.0	40대(35.6%)
동두천시	22,891	11,817	44	4.3	40대(31.6%)
군포시	22,379	15,701	113	3.1	40대(39.2%)
의정부시	21,953	13,462	215	2.8	40대(38.6%)
여주시	19,351	11,922	33	4.9	40대(31.3%)
안산시	18,446	13,171	381	3.3	40대(34.7%)
가평군	16,709	25,003	36	1.8	30대(35.4%)
양평군	5,738	14,399	40	3.1	40대(38.1%)
안성시	14,608	17,632	88	2.5	40대(38.3%)
이천시	13,298	8,540	110	4.4	30대(34.4%)
연천군	11,341	7,666	30	5.5	40대(29.9%)

자료 : 이형석, ㈜나이스지니데이터(2016).

(3) 9월 성수기 2~3월 비수기, 창업은 여름이 유리

창업할 때 참고해야 할 데이터가 또 하나 있다. 바로 창업 시점을 언제로 하느냐다. 분식집과 같은 입지 업종의 특성상 오픈 효과를 보지 못하면 초기에 큰 손실로 이어져서 회복이 어려울 수 있기 때문이다. 이를 판단하기 위해 분식집의 월별 매출액을 분석한 결과, 2~3월이 가장 적고 9월부터 잘 되는 것으로 나타났다. 따라서 창업한다면 1년 중 여름에 창업하는 것이 유리하다는 것을 알 수 있다.

정리하자면 분식집은 저성장기라도 다른 업종에 비해 다소 유리하지만 적은 자본으로 창업이 가능하고 진입장벽이 낮다는 점을 감안해서 대상 고객 특성을 잘 파악하여 부담이 적은 입지를 선택해야 한다는 점을 유의해야 한다.

4. 분식 전문점의 동향과 트렌드

1) 신규 브랜드의 경쟁적 진입

분식전문점의 신규브랜드가 늘고 해외진출도 활발해졌는데 이중 프리미엄 VS 소자본 아이템으로의 양극화가 대세이다. 특히 분식 프랜차이즈 업계는 프리미엄과 소자본 아이템 간의 뜨거운 경쟁이 돋보인다. 즉 프리미엄을 내세운 떡볶이전문점, 김밥전문점 등 세분화된 메뉴를 강점으로 내세운 전략과 밥버거 열풍이 분식시장의 가장 큰 화두가 된 것이다.

이 같은 분식시장의 지각을 흔든 아이템은 단연 밥버거다. 소자본 창업과 떼려야 뗄 수 없는 분식 업계의 특성상 갑작스레 등장한 밥버거 아이템에 예비 가맹점주들을 빼앗아가며 창업비용이 비슷한 기존 브랜드들의 신규 매장 출점에 큰 어려움을 겪었다. 반면 트렌드를 빨리 읽고 빠르게 대열에 합류한 업체들 중 하나인 김가네의 경우 밥버거를 내세운 제2브랜드 〈파크볼226〉을 론칭했으며 얌샘도 단일전문점 형태는 아니지만 매장 내 신메뉴로 밥버거를 출시, 시장 상황에 발맞춰 고객들에게 좋은 반응을 얻은 것이다.

이뿐만 아니라 해외진출도 그 어느 때보다 활기를 띠고 있었다. 김가네는 산동성과 마스터 프랜차이즈 계약을 체결, 중국시장 공략에 힘을 실었으며 〈아딸〉도 중국 내 4호점인 왕징 천사마트점을 오픈해 높은 매출을 올리고 있다. 〈스쿨푸드〉도 홍콩, 인도네시아 등에 차례대로 진출하며 괄목할만한 성과를 달성하였다.

밥버거와 같은 소자본 아이템이 강세를 보인 가운데 분식 시장 한 켠에서는 매스티지 소비를 지향하는 고객들의 눈높이에 맞춘 프리미엄 브랜드들도 약진했다. 특히 〈김선생〉, 〈찰스숯불김밥〉 등 프리미엄 김밥전문점들이 대거 등장해 주목을 받았다. 또한 〈공수간〉, 〈아딸〉 등 프리미엄 이미지를 강화해 새로운 가맹모델을 구축하는 사례들도 많았다. 지금도 분식 업계는 단일품목을 전문화해 프리미엄 이미지로 승부수를 띄우는 전략이 이어지고 있다.

분식 업계에 따르면 프리미엄 브랜드뿐만 아니라 분식 업계 전반에 신규 브랜드 론칭이 활발한 것은 기존 브랜드들의 가맹출점이 주춤한 상태에서 돌파구 역할을 해준 신규 브랜드들이 대거 나타났기 때문으로 전망한다.

계속되는 불황의 여파에도 불구하고 '불황에는 분식'임을 입증하였으며 매스티지 트렌드 영향과 전문화·프리미엄화가 대세가 된 것이다. 특히 불황일수록 '식·패스트푸드는 잘 팔린다'는 통설이 있듯이 이를 입증하듯 분식 업계는 장기불황에도 꾸준한 성장을 이뤄 매장수는 물론 매출도 소폭 증가했다.

(1) 김家네 20주년 기념 리뉴얼 및 전문 경영인 체제 전환

지난 1994년 오픈해 원조 프리미엄 김밥 브랜드로 자리매김한 〈김家네(이하 김가네)〉는 창립 20주년을 맞아 대대적인 브랜드 리뉴얼과 신메뉴 개발을 단행했다. 김가네의 브랜드 리뉴얼은 고급화에 초점을 맞췄으며 새로 오픈하는 매장 중심으로 고급스러운 카페 인테리어를 적용, 단순한 식사 공간을 벗어나 힐링의 공간으로 재탄생시켰다.

또한 부산 서면직영점 오픈을 기점으로 상대적으로 취약했던 부산·경남지역의 브랜드 활성화에 나섰으며, 부산사직야구장 전광판 광고를 함께 진행하는 등 지역 밀착도를 높이는 마케팅에 주력했다. 아울러 박정환 전 롯데리아 크리스피크림도넛 대표를 브랜드 총괄 신임 사장으로 선임해 전문경영인 체제로 전환했다. 박 신임 사장은 고부가가치 사업의 성장과 기업경영 투명성, 독립성, 전문성 강화 등 경영개선에 힘을 쏟고 있다.

김가네는 중국 칭다오에 천태점을 오픈하는 등 중국 내 매장을 운영하며 중국시장 공략에도 박차를 가하고 또한 최근 론칭한 치킨전문 브랜드〈치킨방앗간〉의 가맹사업도 본격화하면서 활발한 현지 작업을 진행 중이다.

(2) 얌샘 프리미엄 김밥으로 틈새 마케팅 시동

깔끔한 인테리어와 다양한 메뉴로 인기를 끌고 있는 ㈜얌샘은 전체 매출이 증가하는 성과를 보였다. 이는 지속적인 R&D를 거친 70여 가지의 다채로운 메뉴로 고객들의 재방문을 유도했으며, 불황기에 저가메뉴가 소비자들의 지갑을 열었기 때문으로 분석된다.

또한 소자본 창업의 인기와 함께 조리가 쉬운 원팩시스템, 13여 년간의 프랜차이즈 노하우가 담긴 운영시스템, 본사의 사후관리시스템으로 예비 창업자들의 선호도가 높아 매장수도 소폭 증가했다.

특히 기존 브랜드 안정화 및 신규 브랜드 론칭에 집중해 최근에는 압구정에 론칭한 프리미엄 김밥전문점 〈고집쟁이 김팔이〉는 메뉴, 인테리어, 운영시스템 등을 오랫동안 준비해 오픈하자마자 빠른 입소문을 탔다. 무산(無酸) 처리한 김 등 친환경 식재료만을 고집하고 주문 즉시 조리를 원칙으로 소비자들에게 호응을 얻고 있다.

얌샘은 고집쟁이 김팔이 압구정점을 테스트 매장으로 활용해 신규 브랜드의 경쟁력을 높이고 가맹사업을 확대해 나가고 있다. 또한 〈상하이짬뽕〉 인수로 분식, 한식, 일식, 중식 브랜드까지 총 망라한 종합외식기업의 토대를 확립하고 창사 이래 최초의 본사매출 100억 원을 달성하는 등 괄목할만한 성장을 이루었다.

그밖에도 〈얌샘김밥〉 브랜드 리뉴얼을 단행, 밥샌드 및 웰빙김밥을 출시하는 등 변화하는 시장 트렌드에 맞춰 발 빠른 콘셉트 변화를 시도했으며 제2브랜드인 〈우마이오사카〉의 성공적인 테스트 운영을 바탕으로 부산광역시에 2호점을 오픈하기도 했다.

얌샘은 이러한 여세를 몰아 신규 브랜드인 김밥전문점 〈김팔이〉

를 론칭하였다. 또한 전략적인 매장관리 및 가맹점과의 파트너십 강화, 공격적인 홍보 및 마케팅을 진행하여 얌샘 90호점, 상하이짬뽕 50호점 등 브랜드 안정화에 기틀을 다져나가고 있다.

(3) 킹콩떡볶이 맛과 품질로 초고속 성장세

론칭한지 1년여 만에 50개의 매장을 오픈한 ㈜이심전심의 〈킹콩떡볶이〉는 무서운 성장세로 업계의 주목을 받고 있다.

킹콩떡볶이는 가맹점 영업활성화를 위해 경영평가제도를 운영하고 있다. 이는 가맹점의 운영상태, 서비스, 매뉴얼 준수 등을 종합적으로 평가해 가맹점의 운영을 돕는 제도다. 매월 평가 결과를 종합해 분기별로 상위 매장을 시상하고 가맹점간 건전한 경쟁구도를 유도한다. 또 가맹점 장인제도를 운영해 맛과 품질을 유지하는데 주력하고 있다.

킹콩떡볶이는 매운떡볶이, 국물떡볶이, 파닭떡볶이 등 이색적인 메뉴와 뛰어난 품질 등이 초고속 성장의 비결이라고 자랑한다. 이곳 브랜드는 계속해서 가맹점 활성화를 위한 이벤트를 기획 중이며, 브랜드 교육장과 직영점을 추가로 개설해 직원 및 가맹점주들의 교육 강화와 신메뉴 개발에 만전을 기하고 있다.

(4) 죠스떡볶이 · 바르다 김선생 조리학교와 MOU로 외식 인재 확보

〈죠스떡볶이〉는 론칭 6년 만에 400호점을 오픈했으며, 수많은 분식프랜차이즈의 탄생에도 매출이 600억 원에 달하는 쾌거를 기록했다. 그리고 최근 론칭한 죠스푸드의 김밥 전문 브랜드 〈바르다 김선생〉의 가맹사업을 본격화했다.

바르다 김선생은 유해식품첨가물이 들어가지 않은 백단무지, 무항생제 달걀, 오랜 전통의 수제 참기름 등을 사용한 프리미엄 김밥 브랜드다. 현재 100여 개의 매장을 운영 중이다.

죠스푸드는 바르다 김선생의 예비 가맹점주들을 위해 아카데미를 설립하는 등 가맹점 퀄리티 유지를 위해 힘쓰고 있다. 또한 최근 국내 대표 전문조리교육학원인 한솔요리학원과 산학협력 및 인재교류를 목적으로 한 업무협약을 체결했다. 이로써 표준화된 맛과 서비스를 유지함은 물론 인재의 안정적인 확보를 기대하고 있다.

또한 분식의 프리미엄화를 선도한 〈스쿨푸드〉는 꾸준한 신메뉴 출시와 다채로운 이벤트로 고객들의 발길을 끌고 있다. 뿐만 아니라 도농이마트와 웅진플레이시티 등 국내 신규 매장 출점은 물론 인도네시아, 태국, 홍콩 등 해외에서의 인기도 이어지고 있다.

특히 메뉴 및 서비스 퀄리티 향상을 도모하고, 본사와 매장이 동반성장을 이루는 기틀을 마련하기 위해 각 매장 점주 및 직원들을 대상으로 스쿨푸드 우수매장 시상식'을 개최해오고 있는데 스쿨푸드는 앞으로도 각 매장과 본사간 파트너십을 더욱 공고히 하고 상생할 수 있는 다양한 방안을 모색한다는 방침이다.

〈김가네〉는 신규 브랜드인 파크볼226을 론칭하고 직영점을 오픈하며 안정적인 시범운영과 가맹사업 정비에 심혈을 기울였다. 또한 〈김가네김밥〉등 기존 브랜드는 고급화 및 내실 강화에 초점을 맞춘 브랜드 리뉴얼을 단계적으로 시행했다. 도한 업계 흐름상 대내외 이슈 발생건수가 많아짐에 따라 소비자상담실을 강화하고 크로스 점검체계를 갖춰 가맹점 관리시스템에도 주력하고 있다.

그리고 신규 브랜드에도 집중해 본격적인 가맹사업을 전개하고 있으며 공격적인 마케팅을 실시하고 있다. 또한 중국시장에 꾸준히 노크한 결과 산동성과 가맹지역본부 마스터 프랜차이즈 계약을 체결하였고, 그밖에 중국 난탄점(南灘店)을 시작으로 산동성 지역 출점 확장에도 본격적으로 나섰다.

또한 〈아딸〉은 최근 12개 매장을 추가로 오픈하며 1000여개의 매장수를 기록, 분식 업계에서 독보적인 매장수를 확보하였는데, 특히 2011년 중국진출 이후 매년 해외매장 개설 역시 꾸준히 이뤄져 눈길을 끌었다. 중국 북경 왕징 천사마트점을 오픈했다. 왕징점의 경우 오픈 이후 월 매출이 한화 기준 6000만원 선을 유지하며 큰 인기를 얻고 있으며, 이러한 성과를 인정받아 〈아딸〉 자체 결산 결과 최우수 점포로 선정되기도 했다.

이밖에도 국내에서는 새로운 상권을 개발하고 프리미엄 카페, 대형매장, 백화점, 마트 등 업그레이드 된 매장을 론칭했다.

〈스쿨푸드〉는 글로벌 시장 진출에 박차를 가한 결과, 해외에서의 경쟁력을 다시금 확인했다. 대표적인 예로 스쿨푸드 홍콩 타임스퀘어점은 홍콩의 유명 맛집 사이트 오픈라이스에서 1위로 선정된 데이어, 월 매출 3억 원을 돌파하며 승승장구하고 있다. 또 한 인도네시아 자카르타점은 인도네시아의 가장 핫한 맛집으로 자리 잡았다.

스쿨푸드는 홍콩, 태국, 인도네시아 등 해외진출에 더욱 힘을 싣고 있으며 비빔밥, 불고기로 대표되던 K-푸드를 더욱 다양하고 풍성한 메뉴로 인식할 수 있도록 하고 있다. 또한 스쿨푸드와 함께 식사와 디저트, 샐러드, 커피를 함께 즐길 수 있는 신규 브랜드인 카페 리맨즈에도 총력을 기울이고 있다.

본격적인 가맹사업을 시작한 〈공수간〉은 장기불황에도 불구하고 신규 가맹점 31개를 오픈하며 순조로운 가맹사업을 전개했으며 이러한 순항에 힘입어 자체물류센터를 준공, 경쟁력을 강화했다.

특히 프리미엄 분식 이미지 정착으로 백화점 및 대형쇼핑몰에 입점을 활성화 했고 입점 브랜드 중 매출 상위권을 유지해 주목을 받았다. 또한 해외시장에도 진출을 가시화하고 자체물류사업을 통한 다양한 수익모델을 창출하고 정기적 신메뉴 론칭 및 이벤트를 통해 매출활성화 전략을 지속적으로 시행하고 있다.

또한 한국프랜차이즈 만족지수 돈까스 부문 1위로 선정된 〈생생 돈까스〉는 불경기에도 불구하고 16개의 신규매장을 오픈하며 가맹점 개설에서 좋은 성과를 거뒀다. 특히 한 달 동안 6개의 매장을 연달아 오픈하는 등 좋은 실적을 내며 가맹점과 소비자 모두에게 신뢰를 구축하였다.

이러한 성과를 반영하듯 한국표준협회가 선정한 '한국프랜차이즈 만족지수 돈까스 부문'에서 1위를 차지하기도 했으며 한국외식경제 연구소와의 기술적 제휴를 통해 지속적인 신메뉴를 선보이고 있으며 론칭한 매운돈까스 3종과 오므라이스가 고객들의 호평을 얻고 있다.

생생돈까스는 수도권을 중심으로 신규 매장 확대에 주력할 계획이며 기존 가맹점의 매출 증진 프로모션 및 본사와의 관계 유지관리를 집중적으로 진행해 나가고 있다.

2) 분식 전문점을 위협하는 편의점 간편식

편의점 도시락 시장이 급성장하고 간편식 제품들이 앞 다퉈 출시되면서 분식업계의 입지는 좁아지고 있다. 여기에 최근 프랜차이즈 최저임금인상, 상표권 분쟁 등으로 업계는 시끌시끌한 분위기다.

인건비가 상승된다면 노동집약적인 구조와 단가가 낮은 메뉴로서는 경쟁력이 떨어진다는 것이 업계 공통된 이야기다. 하지만 이런 분위기 속에 새로운 트렌드를 개척하며 위기를 기회로 만들기 위해 경쟁력 강화에 나서는 업체들도 눈에 띈다. 불황일수록 분식이 잘 팔린다는 통설처럼 2014년까지 분식업계는 세월호 여파를 이겨냈을 정도로 꾸준한 성장세를 유지했다. 하지만 2015년과 2016년 계속되는 경기불황에 무한리필 즉석떡볶이 시장이 참신한 아이템과 가성비를 내세우며 새로운 분식계 강자로 떠올랐고 편의점 간편식 제품들이 출시되면서 기존 분식업계의 입지가 좁아지고 있다.

지난 2016년 말 편의점 시장에서 전자레인지에 3분만 돌리면 즐길 수 있는 떡볶이 메뉴와 김말이, 튀김, 떡볶이가 함께 들어 있는 분식 세트메뉴를 잇따라 론칭하면서 분식업계는 직격탄을 맞았다.

편의점 씨유(CU)의 연도별 도시락 매출신장률은 지난 2014년 10.2%, 2015년 65.8%, 지난 2016년 168.3%로 가파른 증가세를 보였다. 업계 관계자들은 편의점에서 분식류 메뉴를 선보이면서 2017년 상반기 매출 공개가 어려울 정도로 매출 부진이 심각하다.

혼밥 트렌드에 1인용 분식 세트메뉴를 내놓은 업체의 경우 생각만큼 반응이 빠르게 오지는 않은 것으로 알려졌다. 간식겸 안주, 야식으로 통했던 분식이 편의점 간편식에 자리를 빼앗겼다는 평가도 있다. 실제 서울 강남구에 위치한 한 분식 프랜차이즈 가맹점주는 "편의점에서 김밥, 떡볶이, 순대와 심지어는 라면 즉석조리기를 설치하면서 근방 1km 이내 분식집은 다 망했다"고 토로할 정도다.

편의점 김밥과 간편식을 자주 찾았던 젊은 직장인들은 퇴근길 자주 찾던 분식집의 방문 횟수는 줄고 편의점으로 향하는 횟수가 많아진 것이다. 편의점 떡볶이는 컵라면처럼 종이 용기에 재료를 넣고 떡과 소스, 물만 부으면 2~3분 안에 완성되기 때문에 혼밥을 즐기는 고객들은 간편함과 저렴함에 자주 찾게 된다는 반응이다.

〈아딸〉을 론칭해 10년간 가맹점 1000개 이상을 확보했던 ㈜오투스페이스가 〈감탄떡볶이〉라는 이름으로 새롭게 론칭했다. 감탄떡볶이는 메뉴판과 포장지, 홍보물 등을 새롭게 개편하면서 외식업계에서 인기를 끌고 있는 핫도그를 메뉴 전면에 배치했다. 핫도그와 함께 우동 메뉴도 대폭 강화해서 핵심 메뉴로 선보이고 있다.

죠스푸드의 김밥 브랜드 〈바르다 김선생〉은 지난 2016년 5월 신세계가 운영하는 위드미(이마트24) 편의점에 숍인숍으로 오픈하면서 편의점과 서로 윈윈하는 전략을 모색했다. 그랩앤고 방식으로 쇼케이스에 김밥을 비치하거나 즉석에서 만들어 주는 방식 중에 고객들이 선택하게끔 콘셉트를 잡아 경쟁력을 갖추었다. 고객들은 편의점 김밥을 사러 왔다가 바르다 김선생의 김밥을 사고 김밥에 곁들이는 라면과 음료를 사는 등 동반 매출이 일어나면서 객단가가 상승하는 윈윈효과를 보고 있다.

지난 2017년 7월 농림축산식품부와 aT한국농수산식품유통공사가 발표한 2018년 외식산업 경기전망지수에 따르면 분식 및 김밥전문점의 경기가 나아질 것이라는 기대가 나왔다. 전문가들도 외식업계 키워드로 패스트 프리미엄을 꼽으며 프리미엄 김밥 시장의 성장세를 눈여겨보고 있다. (주)얌샘의 〈얌샘김밥〉은 2017년 가맹점이 20개가 늘었고 가맹점 평균 매출액도 2016년 대비 12%의 증가를 보이면서 선전했다는 반응이다.

하지만 막상 프리미엄 김밥 시장이 과당경쟁으로 거품 빠지기가 시작됐다고 평가하기도 한다.

즉 지금까지 호황을 누렸던 프리미엄 김밥 시장이 업체들의 과도한 진출로 경쟁이 치열해 지면서 몇몇 업체들의 시장이탈 현상이 일어났다. 패스트 프리미엄 트렌드를 김밥 외에 다른 메뉴에도 적용시키거나 대대적인 메뉴 개편을 하지 않고서는 살아남을 수 없게 될 것이다. 또한 이런 현상이 지속되면서 유행성 프랜차이즈의 거품이 꺼지면 경쟁력 있는 업체만 살아남는 시장 개편이 일어나기 때문에 경쟁력 있는 업체에게는 기회가 될 것이다.

2018년 최저임금이 7530원으로 결정되면서 분식업계는 먹구름이 더 짙어졌다. 분식업은 다른 업종에 비해 노동집약적인 구조로 인건비가 오르면 가맹점주가 가져갈 수 있는 이익은 훨씬 더 줄어든다.

강남구의 한 분식 프랜차이즈 가맹점의 경우 50㎡(15평) 남짓한 규모지만 주방과 홀을 합해 총 6명의 인력이 일을 하고 있다. 김밥을 마는 직원 2명, 홀1명, 카운터 1명에 주방고정인력 2명이 움직인다. 김밥 메뉴의 특성상 고객이 오면 바로 포장을 해주어야 하기 때문에 2명 정도는 꼭 있어야 한다.

인근에 있는 다른 분식 프랜차이즈 가맹점의 경우 점주나 직원 2명이 운영 중인데 한 그릇에 3천~4천 원 받으면서 인건비까지 올려줄 여력이 없다며 폐점까지 고려중이다. 공정거래위원회의 감시와 규제가 심해져 수익 구조를 기존 물류에서 로열티로 바꿀 경우 다른 업종에 비해 매출이 현저히 줄어들 것이다.

3) 분식전문점의 변화와 멀티 화

주변 어디에서나 볼 수 있는 분식점에서 쉽게 접할 수 있는 라면, 국수, 떡볶이, 김밥, 순대, 어묵 등의 메뉴는 보편성이 강하고 요리 방법이 비교적 단순하다. 그래서 평소 요리에 대해 부담감이 적은 여성 창업자들이 손쉽게 창업에 도전하는 분야이기도 하다. 김밥전문점, 떡볶이전문점, 국수전문점 등으로 차별화를 시도하지만, 업종에 대한 경계도 불분명하다. 소자본 창업의 대표업종인 분식점은 김밥전문점과 떡볶이전문점, 우동전문점 외의 유사업종까지 합하면 전국에 약 4만 2천여개 사업체가 운영하고 있는 것으로 추정된다.

공정거래위원회의 정보공개서에 등록된 프랜차이즈 브랜드만 김밥 브랜드가 60여개, 떡볶이 브랜드가 70여개로 약 130여개의 브랜드가 있다. 대부분은 독자적인 상호나 유사상호로 영업하는 것이 일반적이다. 장기불황에 갈수록 어려워지는 국가 경제로 직장인이나 청소년들의 주머니 사정은 갈수록 가벼워지고 있다. 그동안 진입장벽이 낮고 쉽게 창업할 수 있었던 분식점은 창업과 폐업을 반복하는 부침이 심한 업종으로 인식되고 있다. 저렴한 가격을 무기로 영세하게 운영해오던 기존의 분식점들도 이제는 창업과 운영이 달라져야만 생존할 수 있다. 유사한 음식의 맛과 분위기에 약간의 기교만으로는 고객을 감동시킬 수 없기 때문이다.

2015년 기준 한식업의 경우 사업체수는 195,460개 였으며 라면. 김밥은 39,311개, 만두.칼국수 17,012개, 순대 6,087개, 떡볶이 5,103개, 우동 1,740 순으로 나타나고 있는 점에서 그 차이를 알 수 있다. 분식점 창업의 매력은 소규모매장으로 창업이 가능하고, 투자비용이 적고, 전문적인 요리경험이 부족해도 창업할 수 있고, 고객층도 청소년과 여성들이 많아 고객들의 입맛만 사로잡으면 대박 점포가 될 수 있다는 점이다.

최근 분식점의 트렌드는 다양하면서도 천편일률적인 메뉴 라인에 비위생적이고 영세한 이미지를 탈피하여 새롭게 변신하고 있는 것이 트렌드다. 50여가지 이상의 다양하면서도 업체마다 대동소이한 저가형 메뉴에서 세분화 또는 전문화된 메뉴로 건강한 맛의 가치를 선보이고 있다. 천편일률적인 맛은 업체 또는 브랜드별로 독특한 맛을 선보이고 서비스 또한 고급화를 추구하고 있다.

영세하고 비위생적인 시설은 카페형의 세련되고 고급스러운 분위기의 인테리어로 바뀌고 있다. 청소년 고객이나 여성, 직장인들의 감성에 호소하고 음식의 맛을 더욱 업그레이드하기 위함이다. 갈수록 까다로워지는 소비 취향으로 인해 누구나 쉽게 접근할 수 있었던 개인 브랜드분식점들이 창업과 경영이 까다로워짐에 따라 분식전문 프랜차이즈 창업을 선호하는 추세다.

공덕역 1번 출구 인근의 공덕자이파크 1층 상가에서 45㎡(14평)규모의 면적에서 테이블 6개를 두고 직원 2명과 함께 보증금 5000만원에 임차료 월 250만원의 조건으로 〈김라덕선생〉을 운영하고 있는

㈜토탈솔루션스코리아의 대표는 기존의 분식점과는 달리 한 차원 진화된 멀티분식점을 표방하고 프랜차이즈 사업을 전개하고 있다.

멀티분식점은 떡볶이전문점+커피숍+스몰비어의 3가지 업종이 어우러진 새로운 형태의 복합적인 외식문화 공간이다. 이 공간은 위생적이고 믿을 수 있는 안전한 식품, 건강한 맛이 살아있는 다양한 메뉴제공, 고객의 니즈에 맞는 메뉴개발에 중점을 두고 음식과 문화가 어우러진 새로운 외식 문화공간 창출을 위해 심혈을 기울이고 있다.

이곳의 대표메뉴는 김주먹밥, 국물떡볶이, 라면, 순대, 튀김류이다. 가격은 김주먹밥 2000원, 국물떡볶이 3000원, 라면 3500원, 튀김류 500원, 치킨세트, 떡볶이세트 등의 세트메뉴는 2인기준 1만 2000원이다. 아메리카노, 에스프레소 커피메뉴는 대부분 2000원이다. 치킨 가라아게나 순대볶음 등의 안주메뉴와 어울리는 크림생맥주는 500cc를 2000원에 제공하고 있다.

직장인들의 간편 점심식사와 하교길 청소년들을 위해 김주먹밥, 떡볶이, 라면, 순대, 튀김류 등의 간식위주 메뉴, 만남의 장소로 이용하는 여성고객을 위해 아메리카노를 추가시켰고, 퇴근길 직장인들의 가벼운 술자리를 위해 스몰비어 성격을 추가해 고객층을 다양화시켰다. 우드소재를 기본으로 세련된 카페 인테리어로 차별화를 시도하였을 뿐만 아니라 코피스족을 위하여 인터넷을 사용하고 스마트

폰 충전, 신세대들이 좋아하는 음악을 제공하여 가족외식이나 데이트장소로도 손색이 없는 외식문화공간으로 꾸몄다. 편안하고 안락한 카페분위기의 인테리어로 꾸민 매장에서 보다 위생적인 음식을 제공하고 있어 고객만족도를 더욱 높였다.

프리미엄분식은 기존 분식 아이템에서 조금 더 진화된 분식을 말한다. 더 좋은 식재료와 맛, 모양새를 담고, 인테리어도 고객들이 선호할 만한 분위기로 옷을 갈아입었다. 고객들도 저가 분식집보다는 몇 천원을 더 내더라도 카페 같은 고급스러운 공간에서 분식을 즐기고 싶어 한다. 프리미엄 분식의 가장 두드러진 특징은 김밥에서 식재료가 보다 고급스러워지고, 속 재료를 많이 넣어 김밥의 크기가 더 커졌다. 또한 속 재료를 채 썰어 식감을 더욱 살린 것도 두드러진다. 그 외에는 먹기 좋은 크기와 한두 가지 속 재료에 집중한 꼬마김밥을 썰어낸 것도 이곳 김밥의 트렌드다. 프리미엄분식은 예비 창업자들의 소자본 창업 니즈와 합리적인 가격, 건강을 지향하는 소비자들의 소비 패턴과 잘 맞아 떨어진다. 하지만 일각에서는 프리미엄이라는 콘셉트 때문에 인테리어나 메뉴의 겉모습만 화려하고 실속 없는 거품창업이 될 수도 있음을 우려한다.

즉, 창업자들이 업종과 아이템을 선정할 때 베스트셀러 아이템보다는 시장수요가 장기적인 스테디셀러를 선정하는 것이 안정적이며,

아무리 좋은 아이템이라도 소비자 수요보다 창업자의 공급이 급격히 많아지면 피해는 고스란히 창업자의 몫으로 가게 될 것을 우려한다. 그런 면에서 프리미엄 분식은 스테디셀러 아이템으로 보다 안정적인 창업이 될 수 있을 것으로 평가된다.

소비자들에게 분식은 '저가' 이미지가 강한데, '프리미엄' 이라는 가치가 더해져 기존 분식의 몸값을 올려주는 좋은 장치가 되고 있다. 프리미엄 분식이 최근의 불경기 환경에서 창업시장과 고객들에게 환영받는 아이템이 될 수밖에 없는 이유는 다음과 같은 원인을 가지고 있기 때문이다.

첫째, 소자본 창업이다. '프리미엄' 이라는 가치가 붙지만 10평 내외의 창업이 가능하고, 인테리어 비용이 많이 들지 않는 장점이 있다. 창업자들의 소비심리 위축으로 1~2억원대의 소자본 창업이 가능하다.

둘째, 최소 경비에 의한 운영의 가능성 때문이다. 분식점은 소자본 창업이다 보니, 자연스레 임대료나 인건비에서 고정비를 절감할 수 있다. 이곳에서 절감한 비용을 좀 더 좋은 상권에서 영업할 수 있는 기회가 돼, 매출을 올릴 수 있다. 물론 분식의 특성상 굳이 A급 상권이 아니어도 B,C급 상권에서도 충분히 경쟁력이 있다. 분식은 복잡하고 까다로운 공정과정을 거치지 않아 인건비 절감에서 큰

메리트를 가진다.

셋째, 남녀노소 연령층에 상관없이 누구나 즐겨 찾는 서민형 먹거리 아이템이기 때문이다. 프리미엄 분식의 가격이 아무리 비싸다 한들, 일반음식점의 식사 가격과 큰 차이가 나지 않아 가격적인 부문에서 소비자들에게 경쟁력을 가질 수밖에 없다.

넷째, 건강과 맛, 분위기를 중요하게 생각하는 고객니즈가 잘 맞아 떨어지기 때문이다. 그동안 분식은 가격이 저렴하고 조미료를 많이 넣고 평범한 음식 맛으로 각인돼왔다. 때문에 고객들에게 약간의 프리미엄을 붙여 만족도를 높이는데 주효했다.

다섯째, 고객들이 언제든지 즐길 수 있다는데 큰 매력이 있다. 점심, 저녁 식사시간 때뿐만 아니라 언제든지 간식으로 즐길 수 있다는 장점이 있다. 또 테이크아웃 비중이 높아 점포회전률을 높이는데 강점으로도 작용한다.

여섯째, 유행을 타지 않는 스테디셀러 아이템이라는 점이다. 어느 순간 반짝 떴다가 사라지고 마는 희소성 있는 아이템이 아니다보니, 고객들로부터 꾸준히 러브콜을 받을 수 있는 메뉴로 경쟁력을 가진다. 물론, 계절이나 시간대의 영향을 받지 않는 것도 강점이다.

이 같은 장점으로 프리미엄 분식전문점이 인기를 얻고 있는데, 그렇다고 해서 프리미엄 분식이 전혀 함정이 없는 것은 아니다.

식재료는 좋은 것으로 사용하며 맛을 좀 더 업그레이드 하고, 인테리어에 힘을 싣다 보면 가맹점주의 수익률이 과연 보장될 것인가 하는 의문을 갖게 한다. 그리고 인테리어 비용 역시 기존 분식전문점 보다 업그레이드 하다 보니, 20~30% 창업비용이 추가적으로 들 수밖에 없다. 무엇보다 고객들에게 맛과 분위기에서 만족을 가져다 주려면 정작 가맹점주에게 수익률을 가져다 줄 수 없다는 고민을 심각하게 해볼 필요가 있다.

프리미엄 분식의 향후 경쟁구도도 이 부분을 얼마나 오랫동안 유지할 수 있느냐가 관건이다. 또 메뉴의 질에 주력하다 보면 가짓수가 늘고, 복잡한 조리 과정을 거치게 돼 오히려 악영향을 미칠 수 있다. 회전률에 부정적인 영향을 미칠 수밖에 없다는 것이다. 따라서 고객들은 결국 오리지널한 맛을 추구하기 때문에 프리미엄 분식에 대한 운영계획을 잘 짜야 하는데 점포에서 운용하기 쉬우면서도 오랫동안 고객들에게 어필될 수 있는 메뉴전략을 짜는 것이 관건이다.

II

김밥

1. 김밥의 역사와 발전

1) 김밥의 유래

김밥의 유래는 기존에 존재하던 김쌈 등에서 유래되었다는 설과, 일본의 노리마키에서 유래되었다는 설이 있다.

한국민족대백과에서는 '기존에 존재하던 한국 요리가 외국 식문화의 영향으로 형태가 바뀐 것'으로 보고 있다.

우리가 흔히 보는 형태의 김밥이 본격적으로 등장하기 시작한 것이 1950년대인 것을 볼 때, 김밥은 일제강점기를 거치면서 노리마키와 같은 비슷한 일본 요리에 영향을 받아 해방 후 한국 요리문화에 전파되어 기존 형태가 변화된 음식으로 보는 것이 타당하다.

노리마키가 그대로 흘러들어 온 것은 아니고 현지화를 거치면서 마치 야키니쿠처럼 속 재료나 맛의 방향성 등이 한국식으로 차별화된 것이다. 심지어 1935년 동아일보 기사와 1938년 동아일보 기사에서도 김밥을 언급하는 것을 보면 일제강점기 때부터 이미 한국식으로 현지화가 이루어지고 있었다.

특히 아이가 있는 집의 어머니가 대부분 김밥을 잘 마는 이유는 소풍과 운동회 때문일텐데, 소풍과 운동회에서 먹기 편한 마끼를 싸

가서 먹는 문화 자체가 일제강점기 때 일본을 통해 전파된 것이다.

노리마키에서 시작되었다고는 하나 김밥이 일본 요리인 것은 아니며, 우리 식습관에 맞게 차용되었다고 봐야한다. 일본에서 유래된 초밥의 원조가 관서 지방인 것과 달리 우리의 김밥과 비슷한 김 초밥(노리마끼)은 관동지방(도쿄)이 원조다. 김 초밥은 모양이 총을 닮았다고 하여서 '대포마끼'라고도 부르는 '호소마끼'(細卷:김 1장을 반으로 잘라 밥의 가운데에 박 속을 넣어만든 것)나 '데까마끼'(鐵火券:생선말이김밥)는 에도(도쿄)지방에서 창안한 것이다.

우리나라의 김밥과 매우 비슷한 '데까마끼'는 속에 참치가 들어간 김밥의 일종으로 에도 시대 말부터 메이지 시대 초기 사이에 도쿄의 한 초밥 가게에서 고안되었다. 도박장에서 놀던 사람들이 색다른 김밥을 부탁하여 '박 속' 대신에 참치를 넣고 와사비를 첨가해 먹기 편하게 작게 싼 데서 유래되었으며 '호소마끼'의 반대인 '후또마끼'(太券: '오오마끼'라고도 함)는 '호소마끼'와 달리 김을 자르지 않고 그대로 싼다. 일본이 김을 알게 된 년대도 18세기 이후며, 노리마끼(김초밥)가 생긴 것도 에도 시대 말부터 메이지 시대 초기라면 1860년대 이후다.

우리나라에서는 삼국시대부터 김을 먹었다. 김을 한문으로 해의(海衣) 또는 해태(海苔)라고 한다. 김이 문헌상으로 처음 나타난 것은 고려 충렬왕 때 일연 스님이 편찬한 삼국유사로서 신라시대부터 '김'을 먹었다고 전해지고 있다. 또한 명나라 때 편찬된 박물사전인 본초강목을 보면 '신라의 깊은 바다 속에서 채취하는데, 허리에 새끼줄을 묶고 깊은 바다 속에 들어가 따온다. 4월 이후로는 대어가 나타나 해치기에 채취할 수가 없다.'고 전하고 있다.

김 양식에 대한 최초의 문헌은 1424년에 집필된 경상도지리지(慶尙道地理志)에 김 양식의 기원이 나타난다. 하동지역의 전래에 의하면 약 260년전 한 할머니가 섬진강 하구에서 패류(貝類)를 채취하고 있던 중 김이 많이 착생(着生)한 나무토막이 떠내려 오는 것을 발견하고 거기에 붙어 있는 김을 뜯어 먹어 본 즉 매우 맛이 좋아서 그 후 죽목(竹木)을 수중에 세워 인공적으로 김을 착생 시킨 데서 비롯되었다' 는 것이다.

동국여지승람(東國輿地勝覽)에 보면 '전남 광양군에서는 400년 전부터 김을 토산으로 진중(珍重)하게 보았다' 는 기록이 있다. 1809년에 쓰여 진 [만기요람]에도 이미 '해의전(海衣田)'이란 이름이 보인다. 인조18년(1640년경) 병자호란 때 의병장이었던 전남 광양 태인도의 김여익이 해변에 표류해온 참나무 가지에 김이 붙은 것을 보고 양식하기 시작하여 그 양식법을 널리 보급하였다 하여 그의 성(姓)을 좇아 '김'이라 명명하였다고 한다.

2) 김밥의 유형 분류

기본 재료에 추가 재료를 더 넣으면 다른 김밥이 탄생한다. 불고기를 넣으면 불고기김밥, 참치캔의 참치를 넣으면 참치김밥, 김치를 넣으면 김치김밥, 잣 튀겨낸 돈가스와 피클을 넣은 돈가스김밥, 날치알과 와사비를 곁들여서 넣으면 날치알 김밥, 되레 밥을 겉으로 하고 김을 속으로 해서 말아 만드는 누드김밥, 계란말이로 감싸는 계란말이 김밥, 치즈를 넣은 치즈김밥이 되는 것이다.

참치김밥과 치즈김밥, 돈가스김밥은 다소 뒷맛이 느끼하므로 라면, 떡볶이 같은 음식과 궁합이 잘 맞는다. 다만 주의할 점은, 참치김밥이나 돈가스김밥은 전문점에서 사되, 같이 먹을 떡볶이는 김밥을 산 곳에서 사지 말고 다른 가게들 중에서 잘 하는 집의 떡볶이로 사야 한다. 김밥 전문점은 김밥의 맛은 기본적으로 좋지만, 떡볶이는 잘 못 하는 경우가 많기 때문이다. 따라서 김밥 전문점이 아닌 길거리 분식에서 떡볶이를 사서 전문점 김밥이랑 같이 먹는 편이 맛에서는 가장 현명한 선택이라 할 수 있다.

내용물뿐만 아니라 조리법도 미세한 차이를 줄 수 있다. 김으로 야채를 싸고 밖을 밥으로 싼 누드김밥, 김으로는 밥만 싸고 겉절이 (또는 깍두기), 매운 주꾸미볶음과 함께 먹는 충무김밥 등이 있으며 김밥의 밥에 조미료를 넣어 만든 '마약김밥' 등도 있다.

충무김밥 정도 되는 크기로 안에 시금치, 단무지, 당근 3가지 부재료가 들어가는 단순한 김밥도 있는데 일반적으로 떡볶이 포장마차 등에서 주로 소비되지만 가장 많이 팔리는 곳은 야구장을 비롯한 스포츠 관람시설이다.

3) 김밥의 재료

들어가는 재료의 종류는 취향에 따라 다르지만 필수요소로 단무지, 햄, 계란 지단은 거의 공통으로 들어가고

그 외 재료로 김치, 시금치, 부추, 불고기, 달걀, 깻잎, 참치, 날치알, 마요네즈, 케찹, 치즈, 고구마, 멸치, 진미채, 유부, 양배추나 기타채소의 샐러드, 고추, 소세지 등이 있다. 특이하게 아예 김밥 내에는 재료를 넣지 않고 맨밥만 넣은 뒤 김치, 오징어무침과 곁들여서 먹는 충무김밥도 있다.

사실 밥이 들어가는 만큼 밥과 어울린다면 뭐든 다 들어간다. 요즘에는 대형 마트에서 김밥말기용 재료를 따로 팔고 있다. 손질하기 번거로운 단무지와 우엉을 김밥용으로 길게 자른 것을 일정량 묶어서 파는데, 여기에 김밥용으로 가늘고 길게 잘라놓은 프레스햄과, 맛

살, 어묵 정도를 같이 사면 남자의 요리 수준으로도 어렵잖게 김밥을 쌀 수 있다.

김밥 한 줄의 열량은 대략 400~450kcal 정도다. 일단 들어가는 밥이 주원인이고 밥에 들어가는 참기름, 김에 발라지는 참기름도 들어간다. 당연히 참치김밥이나 불고기김밥 등 추가적인 재료가 들어가 좀 더 빵빵한 김밥은 500kcal을 넘어선다.

또한 겨울철에는 걱정이 없지만 봄부터 여름, 그리고 늦가을까지 바깥에 하루가 끝나 이틀이상의 시간에 노출되면 쉬어버리기 쉬운 음식이다. 때문에 되도록이면 공기가 통하지 않도록 냉장고에 보관을 해두는 것이 조금 더 길게 먹을 수 있지만, 만들자마자 먹는 것이 맛도 좋다.

나들이용으로 좋은 음식이기도 하지만 나들이 중 가장 조심해야 하는 음식이기도 하다. 나들이 갔다가 상한 김밥 먹고 배탈이 났다는 이야기는 쉽게 들을 수 있는 이야기 중 하나다. 그러므로 나들이 나가서 김밥을 먹을 때에는 필히 쉬었는지 확인을 하고 먹어야 한다. 이런 사정 때문에 김밥 전문점에서는 잘 쉬는 재료인 시금치를 빼고 김밥을 만드는 경우가 많다.

적절한 재료로 만들면 영양학적으로도 괜찮은 식단이기도 하다. 기본적으로 김에 밥을 넣고, 거기에 만드는 사람이 좋을대로 재료를 추가하는 방식이다보니 만들기에 따라서는 그리 높지 않은 열량으로 각종 영양소를 골고루 섭취할 수 있다. 특히 채소류는 그냥 냅두면 잘 안 먹게 되지만 김밥에 넣으면 알아서 먹게 되므로 섭취하기 편하다.

2. 스테디셀러 분식아이템 '김밥' 트렌드

1) 객단가 높이고 프리미엄 가치 더한 수제김밥전문점 호황

김밥 한 줄에 4000원이라는 가격을 들었을 때 보통사람들의 반응은 '대체 뭘 넣었기'에 하며 의아해하거나 먹어보지도 않고 무턱대고 비싸다는 말부터 꺼내게 된다.

커피 한 잔에 4000원은 당연하다고 생각하면서 주식으로, 때론 간식으로 대한민국 남녀노소 누구에게나 사랑받는 메뉴이면서도 늘 저렴한 음식으로 치부당해야 했던 김밥이 최근 다양하게 변신하고 있다. 이 여세를 몰아 제대로 만들어 제 가격을 받겠다는 프리미엄 수제김밥전문점들도 분식창업시장의 다크호스로 떠오르고 있다.

2) 맛은 프리미엄, 가격은 착하게, 프리미엄 김밥전문점

프리미엄 김밥전문점이 분식시장, 더 나아가 외식창업시장에서 꾸준한 상승세를 타고 있다. 간단한 요깃거리의 김밥이 고품질의 식재료 활용, 이색 식재료의 조화를 바탕으로 맛과 영양을 두루 갖추며 별미이자 건강식으로 새롭게 포지셔닝 하고 있다.

국내에 프랜차이즈 김밥전문점이 처음 등장한 것은 1990년대 중반이다. 당시 대학로에서 시작한 〈종로김밥〉, 〈김가네〉 등이 국내 김밥전문점의 효시라 할 수 있으며 이 브랜드들은 국내 외식시장에서 즉석김밥이라는 용어를 탄생시키는 데 일조했다.

이어 등장한 〈김밥천국〉, 〈김밥나라〉 등으로 대표되는 저가형 김밥집들은 2000년대 중후반까지 호황을 누렸으나 눈높이가 높아진 고객 입맛의 변화, 식재원가 비율 인상에 따른 가맹점 경영악화 등을 이유로 최근에는 상당부분 매장수가 감소했다.

저가형 김밥전문점들이 주춤할 무렵 2005년 가로수길에 등장한 〈스쿨푸드〉는 기존 분식시장의 틀을 깨는 것은 물론 저렴하게 한끼 때우는 음식으로만 생각했던 김밥의 무한한 성장가능성을 보여 준 사례다. 스팸, 날치알, 오징어먹물 등 기존 김밥에서는 볼 수 없었던 이색 식재료를 활용해 김밥의 변신을 이끌었다.

프리미엄 김밥이라는 이름으로 소위 3세대 김밥이 등장한 것은 약 2~3년 전부터다. 웰빙과 친환경 식재료에 대한 소비자들의 니즈가 증가하면서 가로수길, 홍대 등을 중심으로 좋은 식재료를 활용해 만든 김밥이 높은 가격에 판매되기 시작한 것이다. 처음에는 호기심에 방문한 고객들이 적지 않았지만, 김밥이라는 아이템이 가진 저렴한 이미지 때문에 가격장벽을 넘어 재방문으로 이어지긴 쉽지 않았다.

3) 신규 아이템 발굴에 대한 강한 니즈로 활황

최근 가격을 최대 4000원대로 낮추고, 속 재료는 여전히 프리미엄을 추구하는 김밥전문점이 속속 생겨나고 있다. 과거와 달리 고객에게 새롭게 각인된 프리미엄 김밥의 키워드는 바로 '건강' 이다. 좋은 재료로만 만들면 맛과 더불어 김밥이 한 끼 식사 및 별미로도 충분하다는 인식이 생기면서 고객들의 입소문을 타기 시작했다. 고품질의 식재료 사용으로 안심하고 먹을 수 있는 제품에 대한 소비자들의 관심이 쏠린 것이다.

소재가 고갈된 창업시장에서도 프리미엄 김밥은 반가운 아이템이다. 익숙한 대중성을 기반으로 메뉴군을 다양화 하고 건강 키워드, 카페형 매장의 최근 트렌드를 가미한다면 성장성이 높은 외식 브랜드로의 발전을 기대할 수 있다.

창업시장의 외식 아이템이 한계에 다다른 상황에서는 기존에 있던 익숙한 것을 업그레이드 하는 것이 경쟁력으로, 그 대표적인 것이 바로 프리미엄 김밥이다.

3. 김밥의 무한변신, 다(多)메뉴가 경쟁력

1) 고객의 호기심을 자극할 수 있는 신메뉴 지속개발이 관건

'참치' 김밥, '불고기' 김밥이 센세이션 했던 시대는 그야말로 호랑이 담배피던 시절 얘기다. 최근의 프리미엄 김밥은 다양한 재료를 활용한 메뉴로 골라먹는 재미까지 선사하고 있다.

매운 제육쌈, 떡갈비, 통새우, 갈비, 닭가슴살, 소시지, 크림치즈, 불닭, 와사비날치알, 사과, 에스프레소, 마늘 등 '과연 김밥의 재료가 될 수 있을까' 싶을 정도의 다양한 재료들이 김밥의 속 재료로 활용되고 있는 것이다.

각각의 김밥은 재료의 궁합은 물론 맛의 상생을 이루고, 무엇보다 고객의 호기심을 자극해 재구매를 유도하는 역할도 한다.

김밥의 신메뉴는 누구나 쉽게 따라할 수 있어 '얼마나 새롭냐' 보다는 '얼마나 좋은 재료로 맛있게 만드느냐' 가 관건이며, 스테디셀러 메뉴는 물론 고객의 호기심을 자극할 수 있는 신메뉴를 지속적으로 개발하는 것은 마케팅으로도 효과적이다.

2) 건강재료에 스토리텔링 까지

최근 프리미엄 김밥의 가장 큰 특징은 건강한 식재료를 활용하고 이것을 단순 활용에 그치는 것이 아니라 로컬 푸드로 스토리텔링 하는 것이다.

대표적인 것이 김밥의 주재료인 밥이나 김, 속 재료 등을 특정 지역 우수한 품질의 제품을 수급해 사용하고 그것을 고개들에게 적극적으로 어필하는 방식이다.

건강한 김밥 제공을 표방하고 있는 〈로봇김밥〉은 100% 현미를 사용하고 있다. 단무지 역시 빙초산이나 화학첨가물이 들어있지 않은 재료를 사용하며 당분과 염분, 지방을 최대한 줄이는 데 주력하고 있다.

〈고집쟁이 김팔이〉는 잡태와 이물질을 제거하기 위해 염산처리를 하는 김 대신 친환경 무산김을 사용하고 있다. 쌀 역시 국내산 햅쌀과 무색소 단무지, 무항생제 달걀 등 건강한 재료를 고집한다.

최근 프리미엄 김밥전문점의 특징은 단순히 좋은 재료를 쓰는 데 그치는 것이 아니라 스토리텔링 마케팅으로 좋은 재료의 사용을 적극 활용한다는 점이며, 고객에게 어떤 식재료를 제공하는지를 알리는 것이 최근 외식업계의 새로운 마케팅 방식이다.

3) 물류 시스템 및 운영 경쟁력 갖춰야 롱런

프리미엄 김밥이 창업시장에서 인기를 끌면서 관련 브랜드도 우후죽순으로 증가하고 있는 추세다. 무엇보다 김밥이라는 아이템 자체가 모방이 쉽고 누구나 맘만 먹으면 쉽게 오픈할 수 있기 때문에 브랜드만의 자체적인 차별화를 가져가기가 쉽지 않다.

운영자의 입장에서 가장 문제가 되는 것은 식재료 코스트다. 프리미엄 김밥이라고 해도 고객의 가격저항이 매우 높은 아이템이기 때문에 메뉴 가격을 높이는 것에는 한계가 있다.

지속적인 물류수급에 대한 준비 없이 무작정 프리미엄을 추구할 경우 높은 식재료 코스트를 감당할 수 없을 것이며, 안정적인 물류 시스템 및 유통 경쟁력을 보유하고 있어야 롱런 가능성이 있다.

4. 프리미엄 김밥시장, 제 2 라운드 시작되다

소풍 갈 때 어머니가 싸주던 김밥. 한국인에게 김밥은 분식의 대표주자이기도 하지만 한편으로는 어릴 적 추억을 회상하게 하는 매개체기도 하다. 대중에겐 만만하고 흔한 김밥이 3년 전 '프리미엄'의 수식을 달고 맛과 모양, 품질을 업그레이드해 새 옷을 입었다. 기존 2000~2500원이던 가격을 2~3배까지 올렸고 많게는 8~9가지나 되는 재료를 밥보다 많이 넣어 밥이 주인공이 아니라 김밥에 들어가는 '소'가 주인공이 되었다. 프리미엄 김밥 시장에 열풍이 분지도 어느덧 5년이 지났다. 이제 최고급 프리미엄 김밥 시장은 두 번째 전성기를 준비 중이다.

1) 격변한 프리미엄 김밥 시장 론칭 연혁

한국 외식시장은 트렌드에 민감하다. 매년 패밀리 레스토랑, 치즈 등갈비, 한식 뷔페 등 유행하는 스타일의 아이템이 있었고, 그 인기가 반짝했다가 사라지기를 반복했다. 2013년 대히트를 쳤던 프리미엄 김밥 시장은 약간의 등락폭이 있었지만 그 인기를 꾸준히 이어가고 있다. 아이템 자체가 대중적으로 친숙한 데다 소자본 창업이 가능해 가맹점주의 관심이 이어지고 있다.

(1) 프리미엄 김밥 시장현황

1990년 중반은 한마디로 저가 김밥 시대였다. 1000원짜리 김밥을 내세운 김밥천국의 론칭으로 전국의 많은 김밥집이 '1000원대의 김밥'을 들고 나왔다. 비슷한 시기 서울시 대학로에 '즉석 김밥집' 김가네 김밥이 생겼다. 주문 즉시 신선하고 좋은 속 재료를 넣어 김밥을 싸고 메뉴도 다양하게 구성, 가정식 김밥으로 차별화했다. 김가네 김밥의 활약으로 기존 저가 김밥 매장 중에서도 주문 즉시 김밥을 즉석에 싸서 제공하는 곳이 생기기 시작했다. 저렴한 가격에 한 줄만 먹어도 든든하고 테이크아웃이 가능한 즉석 김밥전문점은 꾸준한 성장을 이뤘다.

이후 식재료에 대한 고객의 이해와 입맛이 고급화되면서 중국산 김과 쌀, 품질이 좋지 않은 재료로 만든 저가 김밥에 대한 만족도가 떨어져 갔다. 저가 김밥은 경영주 입장에서도 어려운 싸움이었다. 인건비와 식재료비는 꾸준히 상승하는데 저가 김밥으로 수익을 창출하기엔 한계가 있었다. 당시 많은 외식업 관계자는 이 시장에 변화가 필요한 것을 직감하고 사업 모델을 고민하기 시작했다. 현재 프리미엄 김밥 시장의 모태가 된 브랜드는 2009년 부산 남구 용호동에 오픈한 〈고봉민김밥〉과 2010년 서울 강남구 압구정동에 오픈한 〈리김밥〉이다. 각각 소규모 개인 매장으로 운영했다.

〈리김밥〉의 대표는 원래 일반 분식집을 운영하다가 김밥이 상품성이 있다고 판단하여 김밥전문점을 오픈했다. 그는 김밥의 가격을 배로 높이는 대신 좋은 식재료를 사용했다. 또 여성들이 다이어트의 방해 요소로 생각하는 탄수화물인 밥의 양을 줄이고 재료의 맛이 주가 되도록 속 재료를 꽉 채운 김밥을 선보였다. 비슷한 시기 로봇김밥과 찰스숯불김밥도 재료에 대한 업그레이드와 함께 패키징과 인테리어를 차별화하고 건강과 비주얼을 고려한 고품질 김밥을 판매했다. 일부에서 선보였던 프리미엄 김밥 시장이 화두가 되고 적극적으로 확산된 건 (주)죠스푸드에서 〈바르다김선생〉을 론칭한 후부터다. 2013년 〈바르다김선생〉은 국내산 통 참깨로 만든 참기름과 청정지역 김, 무항생제달걀, 백단무지, 간척지 쌀 등 각 지역 최고급 식재료로 만든 프리미엄 김밥을 전면에 내걸고 시장에 진출, 프랜차이즈 업계에 붐을 일으켰다. 프리미엄 김밥을 찾는 소비자가 많아지면서 분식업계에 큰 변화가 일었다. 분식집이 김밥을 메인으로 내세운 김밥전문점을 리뉴얼해 오픈하거나 기존 김밥전문점들이 메뉴의 퀄리티와 전반적인 콘셉트, 시스템을 업그레이드해 새롭게 가맹점 사업을 전개하는 브랜드가 눈에 띄게 증가했다. 〈얌샘김밥〉은 16년 동안 운영해 온 얌샘 브랜드를 김밥전문점으로 새롭게 리뉴얼했다. 또한 〈찰스숯불김밥〉은 전문 컨설턴트를 영입하고 기존 가맹시스템에 전 문성을 더해 체계적인 시스템을 갖추고 있다.

〈표6〉 프리미엄 김밥 론칭 연혁

년	월	브랜드
2009년	02월	고봉민김밥人
2010년	02월	찰스숯불김밥
	10월	리김밥
2011년	09월	로봇김밥
2013년	05월	바푸리김밥
	07월	바르다김선생
	10월	킹콩마더스김밥
2014년	07월	가마솥김밥
	10월	몬스터김밥
2015년	04월	임대표
	09월	얌샘김밥
2016년	02월	케이콜라보김밥

① 좋은 재료에 대한 자부심, 바른김밥 〈바르다김선생〉: 바른김밥 은 밥과 재료 사이에 김을 넣고 말아 속 재료가 흐트러지는 법 없고 썰 때도 잘 터지지 않는다. 지단과 볶은 당근, 조린 우엉 등 식감과 염도를 고려해 선정한 6종의 최고급 재료로 건강함이 강점이다. 속

재료가 가장 잘게 채 썰어져 있어 정갈한 느낌을 준다.

가격대는 3200원이며 김밥의 판매율은 50% 이상, 식재료 단가는 30% 후반이다. (바른김밥 45% 이상)

지단과 당근, 우엉의 비율이 비슷해 노랑과 주황, 갈색이 어우러지며, 속 재료로는 당근, 햄, 우엉, 오이, 지단, 백단무지를 사용한다. 브랜드의 특징은 고급 식재료를 사용해 만든 김밥이라는 점을 꼽을 수 있다.

② 천연양념 숙성 돼지목살 사용, 숯불김밥 〈찰스숯불김밥〉: 숯불고기의 강렬한 향과 함께 달콤한 고기가 씹히고 깻잎의 향기로운 향이 감싸 조화를 이룬다. 달착지근한 고기양념이 남녀노소 모두가 좋아하는 맛이다.

가격대는 4000원, 김밥 판매율 41%정도이며 식재료의 단가 35~40%이다. 숯불고기와 우엉, 어묵 등 갈색빛 속 재료로 색감의 조화를 이루며 속 재료 종류는 숯불고기, 우엉, 지단, 맛살, 당근, 어묵, 단무지, 깻잎을 사용한다. 이곳 브랜드의 특징은 숯불고기 향이 강렬한 김밥이다.

③ 가격 대비 알찬 속 재료 구성, 얌샘김밥 〈얌샘김밥〉: 저렴하면

서도 품질은 높아 고객의 입장에서 가성비가 최고다. 단무지 대신 우엉과 장아찌를 넣어 감칠맛이 나고 돼지고기의 씹는 맛을 더해 식감에 균형을 맞춘 것도 특징이다.

가격대는 2800원, 김밥 판매율은 약 50%이다. 식재료 단가는 37~38%정도이며, 김밥의 색감으로 갈색 계통이 주를 이루나 노란 지단과 주황 당근이 포인트이다.

속 재료 종류로는 돼지고기, 장아찌, 우엉, 오이, 당근, 햄, 지단이 있다. 브랜드 특징으로는 장아찌와 돼지고기를 맛볼 수 있는 김밥이라고 할 수 있다.

④ 고소한 견과류와 매콤한 청양고추 매콤견과김밥 〈리김밥〉: 청양고추를 채 썰어 넣고 오이와 단무지도 함께 넣어 아삭하다. 견과류 비중이 30~40% 정도로 높아 입에 넣으면 고소함이 입 안 가득 퍼지고 적당한 매콤함이 매력적이다.

가격대는 4000원, 김밥 판매율은 40% 이상이며 식재료 단가는 38~39%다. 달걀지단과 멸치 볶음 등 노란색과 갈색이 주를 이루며, 속 재료 종류는 견과류멸치볶음, 지단, 오이, 우엉, 단무지, 청양고추다. 이곳의 특징은 김밥 마니아 사이에서는 높은 인지도를 갖는다는 점이다.

⑤ 알싸한 중독적인 매력, 생와사비참치마요 〈로봇김밥〉: 고추냉이가 코끝을 찌르는 알싸한 맛을 선사하는데 참치마요가 어우러져 맵기만 한 것이 아니라 묘한 중독성이 있다.

고객의 취향에 따라 고추냉이의 양을 조절할 수 있으며 중독성이 있어 자꾸자꾸 생각나는 맛이다.

가격은 4000원, 김밥 판매율은 40% 이상이며 식재료 단가는 33~34%정도이다. 참치마요의 함유량이 많고 오이와 고추냉이, 지단 등 노란빛이 주를 이르며, 속 재료 종류는 참치, 오이, 지단, 백단무지, 우엉, 당근, 고추와사비, 깻잎이다. 특징으로는 녹차가루와 식초 등으로 약간의 간을 한 현미밥을 들 수 있다.

⑥ 어묵과 김밥의 독특한 만남, 몬스터김밥 〈몬스터김밥〉: 주문 즉시 김밥을 만들어 튀겨 만든 몬스터김밥은 따뜻한 어묵과 김밥이 잘 어우러진다. 생선살로 한 번 감싸 만든 김밥은 와인과 간장, 청양고추로 만든 몬스터 디핑소스에 먹으면 매콤하게 즐길 수 있다.

가격대는 4200원, 김밥 판매율은 40~50% 이상이며 식재료 단가는 38%다. 한 번 열을 가해 또렷하고 선명한 각 재료의 색감이 주를 이루고 속 재료 종류는 열을 가해도 맛이 변하지 않는 당근, 우엉, 달걀, 시금치, 단무지(5종)이다.

특징으로는 김밥을 만 후 생선 살을 입혀 한 번 튀겨 조금 긴 공 정시간을 갖는다는 점이다.

⑦ 고소한 봄나물로 건강을 챙기다, 산채김밥 〈가마솥김밥〉: 매장 에서 직접 도정한 5분 도미로 가마솥에서 밥을 지어 꼬들꼬들하고 윤기가 난다. 속 재료는 익히지 않고 얇게 채 썰어서 사용해 식감을 살렸다. 국내산 산채를 볶아 넣어 봄나물 비빔밥 같은 향긋한 풍미 를 느낄 수 있다.

가격대는 3500원, 김밥 판매율은 15~20%이며 식재료 단가는 30~35%정도다. 지단, 당근, 오이, 산채나물 등이 같은 비율로 들어 가 조화로운 색감을 이루며 속 재료 종류로는 당근, 오이, 지단, 산 채나물, 단무지를 사용한다. 5분 도미로 쌀눈이 살아있어 식감도 좋 고 참기름으로 양념해 고소한 맛이 일품이다.

⑧ 직화로 구워 숯불 향 가득, 바푸리숯불김밥 〈바푸리김밥〉: 국 내산 돈육을 직화로 구워 숯불 향을 입혔다. 고기와 달걀, 깻잎 등 각각의 재료가 조화를 이룬다. 고기와 어울리는 상추를 넣어 고기에 쌈을 싸먹는 듯한 느낌을 준다.

가격대는 3500원이며 김밥 판매율은 25% 이상이다. 식재료 단가

는 45%이며 당근, 지단이 들어 있지만 고기가 많이 들어있어 갈색
빛이 돈다. 속 재료 종류는 숯불고기, 지단, 햄, 단무지, 맛살, 당근,
상추이며, 숯불 향이 강하게 느껴지는 숯불고기와 깻잎 등의 재료가
조화를 이룬다.

⑨ 가격 대비 푸짐한 기본김밥, 고봉민김밥 〈고봉민김밥人〉: 고봉
민김밥의 대표메뉴이자 기본 메뉴인 고봉민김밥은 어렸을 적 엄마가
싸준 정성스러운 김밥을 떠올리게 한다. 쫀득하게 조린 우엉의 풍미
가 입안에 퍼지며 뒷맛이 깔끔한 오리지널 김밥 맛을 느낄 수 있다.
　가격은 2500원, 김밥 판매율은 40% 이상이다. 속 재료 종류는 시
금치, 당근, 우엉, 지단, 맛살, 햄, 단무지다.
　군더더기 없고 깔끔한 김밥으로 가성비는 최고다.

⑩ 슬라이스 햄과 채소로 채운 든든한 김밥, 임대표 김밥 〈임대표〉:
임대표김밥은 사각형 햄 대신에 고소한 슬라이스 햄을 넣었다. 밥은
얇게 펴고 채소를 듬뿍 넣어 아삭한 식감과 짭조름한 우엉, 담백한
슬라이스햄이 맛의 삼박자를 이룬다. 저렴한 가격에 재료를 푸짐하
게 넣어 든든하다.
　가격대는 2500원이며, 여러 재료가 들어 있지만 당근과 오이의 비

율이 높아 색감의 포인트를 준다. 속 재료 종류는 슬라이스햄, 당근, 오이, 우엉, 백단무지, 지단이다. 사각형 햄 대신에 슬라이스햄을 넣어 부드럽고 채소의 식감이 아삭하게 씹히는 것이 특징이다.

⑪ 달걀로 감싼 소불고기김밥, 마더스계란김밥 〈킹콩마더스김밥〉: 자연주의 김밥을 표방하는 킹콩마더스김밥의 대표메뉴인 마더스계란김밥은 단무지를 넣지 않고 지단으로 김밥을 한 번 더 감싸 색다른 변신을 했다.

소불고기와 김치, 상추를 넣어 소불고기 쌈밥의 맛을 재현했다. 가격은 3500원, 김밥 판매율은 15%다. 식재료 단가는 35%정도이며 노랑, 초록, 흰색, 빨강, 갈색 등 색색의 조화를 잘 이룬다. 속 재료 종류는 소불고기, 상추, 김치이며 달걀지단을 올리고 샐러드와 함께 제공돼 더 푸짐하다는 것이 특징이다.

⑫ 참치김밥과 유부김밥을 한 번에, 으뜸콜라보김밥 〈케이콜라보김밥〉: 으뜸콜라보김밥은 매콤한 참치김밥과 유부김밥을 동시에 맛볼 수 있는 반반 김밥이다. 매콤한 청양고추로 맛을 낸 참치와 유부를 넣어 김밥 한 줄에서 담백함과 매콤함을 맛볼 수 있다.

가격대는 3000원, 김밥 판매율은 30% 이상이다. 식재료 단가는

36~38%정도이며 9가지의 재료가 들어가 알록달록한 색감을 보여준다. 속 재료 종류는 참치, 청양고추, 유부, 당근, 오이, 우엉, 지단, 백단무지, 어묵이며 매콤한 참치김밥과 담백한 유부김밥을 동시에 먹을 수 있다는 장점을 가지고 있다.

(2) 사이드메뉴, 인테리어도 프리미엄화

김밥이 고급화되면서 김밥의 단짝인 각종 사이드메뉴와 인테리어도 프리미엄화되고 있다. 직화 숯불구이를 내세워 매장 내 화덕에서 바로 구운숯불고기를 메인 재료로 사용하는 김밥전문점 〈사나이김밥〉이 그 사례 중 하나다. 사나이김밥은 볏짚통삼겹살 전문 프랜차이즈 (주)도네누에서 론칭한 프리미엄 김밥전문점으로 고기 전문 브랜드를 운영한 노하우를 김밥에 접목했다. 매장에는 저온 숙성 냉장고를 마련해 고기의 육즙이 빠져나오는 것을 방지하고, 화덕에 구워 진정한 숯불 직화구이의 맛을 냈다. 주재료인 숯불고기와 냉면·국수를 세트메뉴로 구성해 김밥전문점에서는 쉽게 맛볼 수 없는 메뉴를 판매함으로써 브랜드만의 전문성을 더해 차별화 한 것이다.

프리미엄 외식공간을 지향하는 분식 브랜드는 프리미엄 김밥에 퐁듀 떡볶이, 닭강정, 죽 등 전문세프가 개발한 별미 메뉴를 선보이며 간식뿐 아니라 식사로도 가능한 외식공간으로 탈바꿈했다. R&D파트는 한식, 중식, 이탈리안 등 분야별로 전문 셰프가 주기적으로 다양한 신메뉴를 개발해 젊은층뿐만 아니라 중장년층까지 폭넓은 고객층을 확보한다.

소비자들은 가격이 높아질수록 기대치도 높아진다. 김밥전문점들로 인테리어와 매장 분위기, 담음새, 식기까지 가격에 맞게 프리미엄화되고 있다. 〈바푸리 숯불김밥〉은 프리미엄 김밥 열풍이 지속되자 2016년 건강·웰빙 콘셉트의 이미지를 강조한 인테리어로 새롭게 리뉴얼했다. 내추럴한 원목과 바푸리의 상징인 화이트와 그린 컬러를 사용해 카페형 인테리어로 고객들에게 새로운 브랜드 이미지를 주고 있다.

바푸리의 상징은 화이트와 그린컬러는 친환경적인 이미지를 주고 고객들이 편안한 식사를 즐길 수 있도록 내추럴한 느낌의 원목을 사용해 리뉴얼했다. 음식의 맛과 더불어 편안한 공간은 소비자들의 재방문율을 높이고 대중화하는 데 영향을 미친다.

(3) 가맹점주에게는 박한 프리미엄 시장

프리미엄 김밥은 기존 김밥 시장을 업그레이드 하고 건강 트렌드에 맞춰 소비자 호응을 얻는 데는 분명 성공했지만 프랜차이즈 시장에서는 나름의 약점이 있다. 우선 프리미엄 김밥에 들어가는 식재료

코스트가 평균 38~40%, 인건비 23~25% 여기에 월세와 고정비를 포함하면 순익은 현저히 낮아진다. 한창 프리미엄 김밥이 형성될 시기에는 공급량은 적고 수요가 많아 가맹점별 매출이 제법 높은 편이었다. 그러나 프리미엄 김밥 브랜드 수가 기하급수적으로 늘고 공급량이 수요량을 초과하면서 가맹점주들은 이전만큼 수익을 얻지 못하고 있는 실정이다.

이 같은 문제는 '바르다김선생 가맹점 폭리 관련 의혹' 제기에서도 알 수 있다. 일부 가맹점주의 "타 브랜드보다 두 배 이상 높은 인테리어 비용과 본사에서 공급하는 식재료와 물류비용으로 매출액의 50%정도를 지불하고 고정비를 제하면 적자가 난다"는 주장이었다. 이에 대해 바르다김선생은 표준 원재료비가 46% 정도로 다른 외식업체보다 높지만 김밥재료가 프리미엄급이라 비싸고, 광고비와 인테리어는 매뉴얼에 따라 진행한 것이라고 설명하며 고정비를 낮추기 위해 기기·기물의 활용이나 소싱 업체를 물색하는 등 수익구조를 개선하기 위한 노력을 끊임없이 해야 한다고 강조했다.

어느 프랜차이즈 시장이든 본사와 가맹점간 물류 마진이나 시스템, 이익 구조에 대한 의견이 충돌되기 마련이다. 그러나 바르다김선생의 경우 프리미엄 김밥 시장의 문제점과 현실을 그대로 보여주는 사례다. 김밥이라는 대중적인 아이템과 '프리미엄' 콘셉트가 상호

이질적이어서 문제가 발생할 수 밖에 없는 구조다. 즉 콘셉트 특성상 고품질 식재료를 사용해야 하지만, 김밥 가격이 하향평준화되어 있는 상황에서 높은 가격을 책정해 고수익을 창출하기에는 어렵다는 의미다.

(4) 프리미엄 김밥 시장, 대다수 전문가 양극화 예견

프리미엄 김밥 시장의 전망은 크게 세 가지로 분류된다. 프리미엄 김밥 시장의 확대와 축소, 그리고 양극화다.

현재 프랜차이즈 시장에서 부익부 빈익빈 현상이 일반화되고 있는 것처럼 프리미엄 김밥 시장도 양분될 것이라는 평가가 많았다. 품질은 높이고 가격은 낮춰 고객에게 가성비를 제공하고 있는 저가 커피 브랜드처럼 김밥 시장에도 그러한 모델이 나올 것이다.

TTCF는 "시장에서 양극화는 필수불가결하다"며 "프리미엄 김밥 시장이 확대되고 상향 표준화되는 만큼 반대급부도 분명히 등장할 것"이라고 예측한다.

대기업 자본이 투자되면서 프리미엄 김밥 시장이 커졌고 소비자의 기대치도와 가격이 높아졌기 때문에 쉽게 무너지지 않을 것이라는 전문가 의견도 있다. 주식회사 로봇에프앤비는 "김밥의 품질은 유지하면서 고정비를 낮추기 위한 테이크아웃 형태의 매장 전개 등 가맹본부의 노력이 계속되면서 시장은 커질 것이다" 라고 전했다.

이에 반해 단순히 프리미엄만 콘셉트로 잡고 뛰어드는 김밥 브랜드에 대한 우려도 크다. 김밥 자체에 대한 경쟁력보다 패키징과 독특한 인테리어에 중점을 둔 브랜드로 인해 경쟁이 과열되고, 결국 특징을 살리지 못한 후발주자는 사라져 시장이 축소될 것이라는 전망이다.

(주)에버리치에프앤비는 물가가 오르면서 저가 김밥의 가격도 점차 높아지고 있어 가격의 프리미엄 개념은 희미해지고, 제품의 콘셉트와 경쟁력만 고객에게 기억될 것이므로 외식 기업은 자신의 상품에 경쟁력을 가지고 있어야 한다고 강조했다.

(5) 본질에 집중한 프리미엄 김밥 브랜드 되어야

프리미엄 김밥 시장은 단순히 김밥 시장에만 영향을 미치는 것이 아니라 외식업계 전반에 '바른 가치'를 전달한다.

프리미엄 김밥의 바르다김선생을 운영하는 (주)죠스푸드의 연구개발팀 팀장은 프리미엄 김밥 시장이 외식업 전반에 좋은 식재료에 대한 가치를 제고했다고 전한다. 과거의 많은 외식업체는 가격에 초점을 두면서 경쟁력을 내세워 매장을 운영한 데 반해 최근 외식업체는 식재료의 품질에 중점을 두고 가격도 고려하는 가성비에 초점을 맞추고 있다. 가격이 높아도 그만큼의 값어치를 한다는 것을 소비자가 인지하게 되면 구매가 일어난다는 것이다.

최근 프리미엄 김밥전문점이 갖는 메뉴의 한계를 사이드 메뉴개발을 통해 찾는 가맹본부가 많아지는 가운데 다양한 브랜드가 생기다 보니 시장에 교란이 오기 시작했다. 이와 같은 변화는 좋게 말하면 하이브리드지만 나쁘게 말하면 교잡종일 수 있다. 바르다김선생은 대표메뉴인 바른 김밥을 중점으로 메뉴개발을 통해 브랜드의 정체성과 콘셉트를 지키고 있다.

프리미엄 김밥 시장도 브랜드 콘셉트를 지속적으로 개발한 브랜드만 살아남을 것이며, 외식시장에도 소비 심리의 양극화 현상으로 인해 프리미엄 김밥 시장과 저가 김밥 시장으로 양분화 될 것이다.

2) 새롭게 뜨는 프리미엄 김밥 브랜드

프리미엄 김밥 열풍이 불면서 최근에는 프리미엄 김밥에 각 브랜드만의 독보적인 콘셉트를 더해 차별화를 꾀하고 있다.

분식전문점에서는 프리미엄 김밥메뉴를 선보이며 브랜드 리뉴얼을 하기도 하고 기존의 김밥전문점은 프랜차이즈 시스템을 재정비해 경쟁력을 높이기도 한다. 새롭게 론칭한 브랜드들은 하나의 김밥에 두

가지 맛을 접목하거나 새로운 아이템을 더하고 트렌드를 반영해 고객들의 이목을 끌고 있다.

① 제품력에 프랜차이즈 운영 노하우를 접목한 〈찰스숯불김밥〉

2010년에 오픈한 찰스숯불김밥은 별도의 마케팅 없이 제품력으로만 프랜차이즈 시장에서 살아남은 브랜드다. 숯불 향이 매력적인 김밥은 고객의 입맛을 사로잡기에 충분했다. 찰스숯불김밥은 식품첨가물이나 인공보존제가 전혀 들어가지 않은 간장 등 천연양념으로 숙성한 돼지목살을 숯불로 직접 익혀 맛에 차별화를 두었다.

찰스숯불김밥은 2011년부터 가맹사업을 시작, 현재 40여 개의 가맹점을 운영하고 있다. 최근 프리미엄 김밥 트렌드와 맞물려 가맹점이 많아지면서 체계적인 프랜차이즈 가맹본부로 거듭나기 위해 창업피아 대표를 영입, BI부터 슬로건, 북유럽풍 인테리어 등 브랜드 이미지를 제고하기 위해 리뉴얼 작업을 시행했다. 올해 3월 새로운 콘셉트의 인테리어를 적용한 신림 녹두거리점 오픈 이후 가맹 문의가 크게 늘었으며, 5월에는 홍콩에 진출해 일 매출 최대 1000만원을 올리며 인기 가도를 달리고 있다.

프리미엄 김밥에서 살아남기 위해서 프리미엄 전략으로 시장에 접근해야 한다. 찰스숯불김밥은 김밥의 세계화를 위해 북유럽 카페 스타일의 인테리어와 '근사한 한끼'라는 슬로건으로 브랜딩을 전개하기 시작했다.

② 품질 높인 김밥과 분식의 장점 결합 〈얌샘김밥〉

분식 프랜차이즈 사업을 16년 동안 운영하고 있는 (주)얌샘은 프리미엄 김밥 시장 트렌드에 따라 김밥의 품질을 높여 얌샘김밥을 리뉴얼했다. 이를 위해 얌샘은 프리미엄 김밥 브랜드 고집쟁이 김팔이 브랜드를 론칭, 파일럿 매장으로 시범 운영해 고객에게 호의적인 평을 끌어냈다. 하지만 식재료 단가가 높고 마진은 낮은 한계가 있어 다양한 분식 메뉴를 보유한 얌샘 브랜드의 노하우와 김밥을 특화한 레스토랑인 분식토랑 개념으로 〈얌샘김밥〉을 선보였다.

얌샘김밥은 메뉴를 최대 50종으로 제한하고 김밥과 사이드메뉴를 적절히 구성해 계절 특수성 없이 수익을 안정적으로 창출하고 있다. 상권에 따라 다르지만 김밥 대비 사이드메뉴 평균 판매비율은 3:7이며, 역세권에 있을 경우 김밥 매출이 조금 더 높아져 4:6 정도로 특히 분식 메뉴에서 높은 매출을 올리고 있다.

(주)얌샘은 김밥에 대한 고객의 심리적 저항이 분명히 존재하기에 가성비를 어필할 수 있는 2800~4000원 메뉴로 김밥을 구성, 캐주얼 김밥시장의 선두주자로 떠오르고 있다.

3) 메뉴 차별화로 경쟁력 강화

① 두가지 맛이 조화를 이루는 이색 김밥 〈케이콜라보김밥〉

〈케이콜라보김밥〉은 김밥의 'K'와 협력, 하모니의 뜻인 '콜라보레이션(Collaboration)'의 합성어로 '김밥과 각종 분식의 콜라보레이션을 통해 건강하고 즐거운 맛의 가치를 선사한다'는 의미를 지녔다.

케이콜라보김밥은 하나의 김밥에서 두 가지 맛을 즐길 수 있는 것이 특징이다. 김밥 한 줄에 두 가지 맛으로 구성한 '으뜸콜라보김밥'과 '감동콜라보김밥'이 시그니처다. 으뜸콜라보김밥은 반은 매운 청양고추와 참치를 넣고 반은 유부를 넣어 매콤함과 담백함을 동시에 즐길 수 있으며, 감동콜라보김밥은 숯불 향이 물씬 느껴지는 숯불갈비김밥을 매콤한 맛과 고소한 맛으로 두 가지 맛을 느낄 수 있다. 떡볶이는 밀떡, 쌀떡, 콩떡 세 가지를 사용해 콩떡의 고소한 맛이 일품이며, '후루룩 떡볶이'는 칼국수 면처럼 굵고 긴 면을 사용해 젓가락으로 건져먹는 방식으로 차별화를 더했다. 이외에 매콤한 맛과 순한 맛으로 구성한 순대, 고소한 치즈가루를 뿌린 수제 튀김 등 트렌디한 메뉴를 구성했다.

이곳은 '청결', '위생', '안전' 세 가지 요소를 중요하게 생각해

장흥 무염산김, 우포따오기 순대 등 HACCP 인증 받은 재료를 사용하며 옥수수 전분과 대나무 섬유로 만들어진 친환경 그릇을 사용해 안전을 강조한다.

② 자연주의 김밥을 제공하는 웰빙 분식점 〈킹콩마더스김밥〉

〈킹콩마더스김밥〉은 동물 중 모성애가 강한 고릴라를 캐릭터로 삼아 '친환경 재료로 안전한 먹거리'를 제공하겠다는 의미를 담았다. 주재료는 무농약 쌀, 무색소 단무지, 국내산 고랭지 배추김치, 국산 무장아찌 등 친환경 재료를 사용해 '자연주의 김밥'을 표방한다.

대표메뉴인 '마더스 계란 김밥'은 김밥을 싼 후에 지단으로 김밥을 한번 더 감싼 것으로 소고기, 베이컨, 볶음참치 등 속 재료를 선택할 수 있다. 최근에는 캠핑문화의 확산으로 바비큐를 넣은 바비큐 김밥, 강원도 웰빙 먹거리인 메밀전병과 메밀만두 등을 추가했으며 주 고객층인 여성고객을 위해 계절·치즈·해산물 샐러드를 구성해 건강 콘셉트를 완성했다. 김밥과 함께 먹을 수 있는 떡볶이는 전통적인 고추장과 간장소스 외에 토마토소스, 크림소스로 만든 퓨전 떡볶이와 오징어, 우삼겹 등 다양한 재료를 활용해 선택의 범위를 넓혔다.

킹콩마더스김밥은 '건강한 먹거리 제공' 이라는 캐츠프레이즈에 맞춰 그린 컬러와 화이트 컬러를 사용한 아웃테리어와 모던하며 빈티지한 카페형 인테리어로 편안한 외식공간을 제공한다. 현재 롯데마트 빅마켓 킨텍스점 직영점을 비롯해 롯데몰 수원점, 구의역점 등 다섯 개 매장을 운영하고 있다.

김밥의 가장 큰 장점은 때와 장소 가리지 않고 간편하게 배고픔을 해결해주고, '특별한 간식' 으로도 선호도가 높다는 점이다. 김과 밥이 주재료이나 시금치·당근·오이·단무지 등 채소류에 쇠고기·햄·어묵·계란 등이 추가돼 영양에서도 한 끼 식사로 손색이 없다. 삼각형과 사각형 등 모양도 다양해졌고, 한입에 먹는 개별식도 선보이고 있다.

샌드위치나 햄버거가 세계 식품이 되었듯 김밥도 세계인의 간편식으로 자리할 수 있다. 특히 서구인에게 낯설었던 김이 건강식으로 알려지면서 선호도가 높아지고 있다. 쌀이 주재료여서 세리악(밀가루 글루텐 알레르기)의 염려도 없다. 하지만 세계 식품화 하려면 몇 가지 선결 과제가 있다.

우선 최적의 쌀을 선택해야 한다. 퍼짐성이 낮아 밥알이 살아있어야 씹힘성이 좋다. 둘째, 김의 흡습성을 최소화해 무너지지 않게 해야 한다. 셋째, 저장성을 위한 비열처리 기법이 필요하다. 여름 4시간, 그 외 7~8시간 정도인 편의식품의 유통 기한을 늘릴 연구를 말한다. 넷째, 균형 영양을 강점으로 내세우기 위해 영양소의 조화를 이뤄야 한다. 마지막으로 김밥 유통에 최적인 포장재 개발과 눈에 띄는 디자인도 필요하다.

김밥은 한국의 오랜 역사를 바탕으로 훌륭한 스토리텔링도 가능하다. 김치와 불고기 등 이미 세계 식품화된 품목에 김밥을 더하면 드디어 우리 한식이 부식의 차원을 넘어 주식의 영역까지 침투하는 계기가 될 것이다.

5. 김밥전문점 프랜차이즈 창업시장 현황

1) 김밥전문점 프랜차이즈 시대개막

김밥전문점이 창업아이템으로 우리나라에 처음 등장한 것은 1990년대 중반이다. 1994년 서울 종로구 대학로에서 시작한 〈김가네〉가 김밥전문점의 시초로 알려져 있다.

이 브랜드는 즉석김밥이라는 용어를 만들어내고 전국 400여개의 가맹점을 오픈시키며 일반 분식집에서 팔고 있는 단순한 김밥을 전문화 하는데 성공을 거뒀다. 동시에 프랜차이즈 산업발전에 일조했다는 평가도 받고 있다. 운영의 간편함과 신선도 관리를 위해 토핑 콜드 테이블(Topping Cold Table)을 출입문 앞쪽으로 배치해 식재료를 담을 수 있도록 만들어 놓은 것이 특징이다.

이는 김밥전문점의 전문화와 차별화를 이뤄냈으며 현재 많은 프랜차이즈 김밥전문점에서 사용하고 있다.

현재 많은 김밥 전문점은 김밥의 모든 재료를 규격화해 각 가맹점에서 같은 양질의 맛을 느낄 수 있도록 매뉴얼화 했으며 밥 짓는 방법까지도 동일화 했다. 또 조리의 간편화를 위해 주재료인 김을 비롯해 우엉, 시금치, 당근, 단무지, 지단 등을 본사에서 직접 구매 및 조리해 매일 일일배송을 통해 가맹점에 공급하고 있다. 식재료 수납 공간이 부족한 가맹점의 특성을 고려해 당일 직배송을 통해 신선한 식자재 제공은 물론 재고 부담을 덜어주어 가맹점주의 운영 편의성을 높였다.

〈김가네〉, 〈종로김밥〉, 〈압구정김밥〉 등이 대표적인 프랜차이즈 김밥전문점으로 자리를 잡고 있다. 이후 IMF경제위기 이후 어려운 경제 탓으로 한때는 김밥 한줄에 1000원씩 판매하는 〈김밥천국〉이 급격한 성장세를 보이며 전국 분식 시장을 휩쓸기도 했다.

2) 톡톡 튀는 프리미엄 김밥 경쟁적 출시

현재 김밥 전문점의 동향은 프리미엄급 김밥전문점으로 흐르고 있다. 소비자들의 눈높이가 높아지면서 김밥 한 줄에 500원을 더 지불하더라도 더 높은 품질을 요구하게 된 것이다.

〈고봉민김밥〉, 〈김선생〉, 〈단풍애김밥〉 등이 프리미엄급 김밥전문점의 선두에 있다. 현재 프리미엄 김밥전문점으로 활발한 전개를 펼치는 곳이 〈고봉민김밥〉이다. 이곳은 지방에서 수도권으로 진출해 성공을 거둔 업체로서 새우김밥, 떡갈비김밥, 돈가스김밥, 매운김밥 등 차별화한 김밥류로 소비자의 사랑을 한껏 얻어 내고 있다.

김밥 안에 들어가는 각종 야채와 재료들의 양이 실제로 풍부해서 충성고객이 늘고 있는 것 또한 드라마에 제작지원을 하며 인지도를 높이고 있는 것도 가맹 활성화에 한 몫을 하고 있다. 반면, 〈조스떡볶이〉를 운영하는 죠스푸드는 풀무원과 손잡고 프리미엄 김밥 프랜차이즈 〈김선생〉을 출시했다.

서울 용산구 이촌동에 생긴 〈김선생〉이라는 이름의 프리미엄 김밥전문점이 그것이다. 4000원대의 김밥과 만두가 주된 메뉴다. 이미 〈조스떡볶이〉로 전국 300여개의 가맹점을 전개하며 분식점의 노하우를 습득한 이 업체는 풀무원과 전략적 제휴를 하고 고급 재료를 공급받아 사용하는 것을 핵심 전략으로 내세운다. 풀무원과 손을 잡으면서 안전한 먹거리에 대한 인식을 소비자에게 어필하려 했던 것으로 보인다.

예를 들어 〈김선생〉매장에서 사용하는 단무지는 사카린과 빙초산, 색소, 표백제, 합성보존제 등 기존 단무지에 들어가던 성분을 모두 뺐다. 이 단무지는 풀무원과 〈김선생〉이 함께 개발했다. 또, 울산에 있는 55년 된 한 방앗간에서 참기름을 공급받아 김밥재료로 쓰는 등 안전한 재료에 포커스를 맞춰 매장의 스토리를 담아내는 데 노력했다.

사업시작 3~4년 이내에 전국 800개의 가맹점 오픈을 목표로 하고 있다. 〈쪼끼쪼끼〉로 유명한 ㈜태창파로스도 김밥전문점 시장에 진출했다. 김밥전문점 창업에 관한 발 빠른 움직임을 포착한 것으로 보인다. 이 업체는 10여 년의 프랜차이즈 가맹사업에서 얻는 노하우로 〈단풍애김밥〉이라는 김밥전문점을 시장에 선보였다.

정겨운 인테리어로 9가지 김밥 속 재료를 통해 4계절 단풍의 색을 표현하고 김밥 속에 자연을 담는 스토리를 담아냈다.

3) 김밥전문점에 맞는 상권과 창업요소

(1) 입지 및 상권

2000여 세대의 아파트단지를 배후로 삼아야 안정권이다. 그리고 최대한 횡단보도에 가까운 곳으로 붙어있는 점포와 초등학교, 중학교가 밀집한 곳일수록 좋다. 젊은층의 유동이 많은 유흥상권이 보다 유리하며 인근 분식집의 평균 일매출이 적어도 50만원 이상인지 확인하고 사무실 밀집 지역일 경우 월 평균 22일 장사임을 명심하며 월 매출을 계산해야 한다.

그렇다면 현재 김밥전문점의 전망은 과연 어떨까? 전망은 밝다. 우선 김밥전문점은 대중음식이다. 없어서는 안 될 음식이란 얘기다. 김밥전문점이 강력한 차별화를 가지고 소비자들을 공략한다면 충분한 승산이 있다. 또한 1인가구가 늘어나고 핵가족화되면서 반조리식품이나 완전조리식품이 시장에서 인기를 끌고 있는 점을 감안했을 때, 테이크아웃의 매출도 더불어 늘어날 수 있다. 김밥전문점도 이제 양극화의 현상이 일어나며 변화의 시점에 있다. 소비자들은 아예 저품질을 감안하고 저렴한 김밥을 사먹거나 음식의 안전과 높은 품질을 기대하며 비싼 김밥을 사 먹거나의 차이일 뿐이다.

지난 10년간 국내에서 큰 인기를 얻었던 1천원대의 저가 김밥집들이 재료비 및 인건비 상승으로 김밥 값을 올리면서 된서리를 맞았는데 그 와중에 편의점 도시락이 출시되면서 엎친 데 덮친 격이 되었다. 그러나 저렴한 비용으로 한 끼를 해결할 수 있다는 이미지가 있으므로 젊은 층 유동지역에서는 아직도 유효한 브랜드이다. 물론 1천원 김밥집들은 맛이 천차만별이므로 손맛 좋은 주방장을 고용하는 것이 필수다. 1천 500원~3천원대 김밥을 판매하는 중.고급 김밥 체인점들은 음식맛도 어느 정도 있고 매뉴얼이 제공되므로 초보자들도 운영하는데 큰 어려움이 없다.

(2) 직원수

점포의 크기는 10평부터 가능하지만 유동인구가 많은 지역이라면 15평 이상이 좋다. 20평 규모에서는 주방 1~3명, 홀 및 배달을 담당한 직원 2~4명이 필요하다. 홀 직원 중 한명은 즉석김밥을 말아주는 역할을 한다.

(3) 개업현황

중.고급 김밥 체인점이 아닌 저가 김밥 체인점은 발등에 불이 떨어진 상태이다. 이른바 김밥천국이란 브랜드가 수없이 난립하면서 맛이 통일되지 않았고 게다가 동네 편의점마다 맛있는 도시락들이

상륙하여 이젠 편의점 도시락과 싸우는 양상이다. 김밥천국 체인점들은 요즘처럼 식도락 위주의 세상이 된 이상 가격과 손 맛, 품질을 높이는 것이 최우선 과제가 된 것이다.

(4) 입지조건

가격이 저렴한 것이 조건을 가리지 않는 최상의 무기라 할 수 있다. 번화가, 대학가, 상업지구, 업무지역, 역세권, 부도심, 주택가 옆 도로변 등 어느 지역에서도 창업이 가능하다. 또한 아파트 단지와 단독주택이 많은 주거 지역에서도 도로를 끼고 있으면 오픈이 가능한 것이 김밥 전문점의 특징이다. 주거 지역에서도 인기 있는 이유는 맞벌이 하는 주부나 밥하기 싫은 주부, 갓 결혼한 젊은 부부들, 자취생들이 주된 고객이기 때문인데, 편의점 도시락이 등장하면서 타격을 받고있는 상태이다.

(5) 메뉴구성

김밥류(브랜드김밥, 누드김밥, 김치김밥, 야채김밥, 쇠고기김밥, 참치김밥, 꼬마김밥, 모듬김밥 등), 면류(쫄면, 우동류, 라면류)/ 밥류(순두부 백반, 된장찌개, 김치찌개 백반 등)/ 기타 만둣국 등의 분식류 등이 주요메뉴의 대상이 될 수 있다.

월 매출액은 재료비 35%~40%, 인건비 및 임대비 30~40%, 순이익 25~35%로 볼 수 있다. 1일 매출 40만원이면 월 순이익 200~300만 원, 1일 매출 90만원이면 월 500~600만 원 순이익이 가능하다.

개점비용은 개인의 경우 10평형 2500만원, 20평형 4000만원 내외이며 체인점은 10평형 3000만원, 20평형 4500만원 정도가 소요된다.

김밥 체인점에 가입하려면 가맹비로 보통 5백만원이 필요하다. 주방 설비는 평균 1천만원 정도를 투자해야 하고, 인테리어 비용은 평당 130만원 정도 소요된다.

III

김밥 우수브랜드의 성공전략

1. 리딩브랜드의 신메뉴 개발 전략

1) 브랜드 리뉴얼로 새롭게 도약하는 〈김가네〉

(1) 치열한 경쟁 속의 꾸준한 신상품 개발

최근 분식전문점은 저가 경쟁에 더해 고급, 프리미엄, 친환경 등의 타이틀로 치열한 경쟁이 펼쳐지고 있다. 신규 분식브랜드의 약진 속에서도 〈김가네〉는 꾸준함을 유지하고 있다. 2018년 현재 24년의 역사 속에서 만들어지는 노하우를 토대로 고객의 입맛에 맞는 맛으로 승부한 것이 가장 큰 성공의 요인이다. 거기에 분식전문점의 대표적인 브랜드로 소비자들에게 인식됐다는 점 또한 경쟁력이 됐다.

〈김가네〉는 창립 24주년을 맞아 브랜드 리뉴얼을 단행하며 새로운 모습을 선보이고 있어 분식시장에 다시 떠오르는 블루칩 프랜차이즈로 주목되고 있다. 브랜드 리뉴얼과 함께 인테리어부터 레드와 화이트를 기본으로 밝고 화사한 느낌을 연출하는가 하면, 편리한 동선과 효율적 공간 활용까지 고려한 고객 친화적 인테리어 콘셉트로 변화를 주고 있다. 기존 친근한 이미지에 '고급화'를 더함으로써 급속하게 변화하는 고객 니즈를 고려한 분식브랜드의 변화와 혁신을 불러온다.

(2) 언제나 그랬던 것처럼, 맛으로 승부

〈김가네〉는 '맛으로 승부를 건다'는 사업전략을 모토로 하고 있다. 당연한 말 같지만 그 당연함이 어려운데 체계화 된 물류시스템을 통해 그 전략을 실현시키고 있는 것이다.

사업 초기부터 30여 가지의 조리제품을 직접 생산함은 물론 신속한 당일 배송으로 신선하고 품질 좋은 원료를 공급해 최상의 맛을 구현한 것이다. 또 체계적인 가맹점 관리 시스템으로 영업, 슈퍼바이저, 교육강사를 3인 1조로 묶어 가맹점마다 매출 향상과 표준운영의 편의를 돕기 위해 총력을 쏟아 붓는다. 이 모든 것이 오랜 기간 쌓아온 노하우를 토대로 만들어진 경쟁력이다. 〈김가네〉가 꾸준할 수 있는 이유 중 하나는 오랜 기간의 데이터를 통한 교육으로 변화를 시도한다는 점이다.

매장 이용 후 객관적으로 맛과 서비스 수준을 평가하는 미스터리 쇼퍼제를 정기적으로 운영하고, 가맹점주 대상의 신메뉴 및 서비스 교육, 기존 메뉴의 재교육 등 통합적인 지원교육을 강화해 고객만족도를 높이고 꾸준한 매출 상승을 이끄는 원동력을 만들고 있기 때문이다.

(3) 소자본 창업에 부합하는 브랜드

〈김가네〉는 최근 주목받고 있는 소자본 및 소규모창업에 적극 부합하는 브랜드 중 하나다. 분식전문점 특성상 비교적 창업비용이 저렴한 편이고 지속적인 수익창출이 가능하기 때문이다. 또한 창업자 입장에서 〈김가네〉의 철저한 레시피 개발과 유통체계, 꾸준한 신메뉴 출시와 다양한 가맹점 지원 관리를 통해 성공창업을 이끌고 있다.

그렇지만 창업을 원한다고 모두 점주가 될 수는 없다. 〈김가네〉와 함께하기 위해서는 노력하고 적극성을 가져야 한다. 본사만 믿고 의지하는 것이 아니라 스스로 상권과 고객을 분석하는 적극성을 가진 점주, 보다 나은 서비스를 제공하기 위해 끊임없이 노력하는 점주, 일확천금을 노리기보다는 꾸준하고 착실한 매장 운영은 가장 기본이 돼야 하는 창업자들의 기본이며, 잊지 말아야 할 초심이다.

24년의 시간을 한 결 같이 걸어온 저력은 이제 중국시장 진출과 새로운 브랜드의 출시로 박차를 가하고 있다.

새롭게 리뉴얼된 〈김가네〉의 꾸준한 투자와 지속 가능한 경영방식은 대표적인 분식전문점의 블루칩 프랜차이즈 행보를 기대하게 한다.

(4) 정도를 지킨 분식프랜차이즈 No.1 〈김가네〉

프랜차이즈뿐만 아니라 분식집을 통틀어 〈김가네〉만큼 오래된 브랜드 또는 매장은 없다고 해도 과언이 아니다. 1994년 〈김가네〉를 시작한 이후 지인들을 통해 한 두 개씩 매장을 열다가 2000년 이후에 본격적으로 프랜차이즈 사업을 시작하게 된 〈김가네〉는 매장이 급속도로 늘어남과 동시에 유사업체들도 엄청난 숫자로 생겨났다.

〈김가네〉는 프랜차이즈화 하는 과정부터 제대로 된 프랜차이즈 시스템을 만들기 위해 이론적인 부분부터 발전시켜 나갔다. 당시 경쟁업체들은 가맹점 수만 늘리기 위해 노력했지만 〈김가네〉는 제대로 된 시스템이 있어야 롱런할 수 있다고 생각한 것이다.

하지만 정도를 걸었기 때문에 어려운 일이 계속됐다. 이론과 현실이 맞지 않았고, 그 과정을 이겨내기 위해 지난한 과정을 거쳐야만 했다. 하지만 오히려 그랬기 때문에 저가형 분식집 〈김밥천국〉의 인기도 〈김가네〉에게 큰 영향을 주지 못한 것이다. 소비자들은 잘 모르지만 〈김밥천국〉은 하나의 브랜드가 아니라 여러개다. 브랜드 로고만 바꾸고 이름을 같게 한 저가형 브랜드였기 때문에 처음부터 길이 달랐다. 가격을 낮추는 게 아니라 품질을 맞추려고 했기 때문이다. 그래서 수많은 〈김밥천국〉들이 있었지만 가맹점 수가 줄거나 매출이 줄어들지는 않았다. 애초에 타깃이 달랐기 때문이다.

(5) 품질은 필수, 트렌드는 선택

급변하는 시장에도 불구하고 맛과 가격대를 고수하는 원칙을 지킨 것은 물론, 오히려 품질을 높여서 가격을 올리기도 했다. 시간이 가면서 품질로 인정을 받게 되었고, 이후 국수, 떡볶이 등 다양한 분식 브랜드들이 세분화되어 나왔지만 〈김가네〉에는 큰 영향을 미치지는 못했다. 새로운 분식 프랜차이즈들이 3년 또는 5년 주기로 나왔다가 사라지는 모습을 보면 최근 프리미엄 김밥 등이 유행하고 있는데 세분화한 브랜드들은 오래 가기가 힘들다. 메뉴가 한정돼 있기 때문에 매출에 영향을 줄 수밖에 없기 때문이다.

〈김가네〉가 자신의 길을 고집하는 것만은 아니다. 분식업계의 트렌드가 바뀔 때마다 세세하게 메뉴를 조금씩 바꾸면서 품질을 높이고 있는 것이다. 최근에는 프리미엄 김밥 정도는 아니지만, 가격 대비 품질 만족도를 높일 수 있도록 다양하게 노력하고 있다. 이러한 주변 여건들로 인해 더 발전할 수 있었다.

흐름이나 트렌드에 어느 정도는 얹혀 가야 하지만 유행을 따라가지 않고 우직하게 걸어왔던 부분들이 있기 때문에 롱런 브랜드가 될 수 있었던 것이다.

〈김가네〉의 또 다른 특징 중 하나는 2000년대 초반부터 슈퍼바이저를 많이 영입해 부서를 만들었다는 점이다. 가맹점 수를 늘리는 영업팀보다 기존 가맹점을 관리하는 슈퍼바이저가 더 필요하다고 생각했기 때문이다. 슈퍼바이저에게 영업 업무까지 하게 한 것은 신의 한 수였다. 슈퍼바이저는 현장에서 일하기 때문에 시장을 보는 능력이 뛰어나다. 일부러 배우는 것이 아니라 업무를 통해 배울 수 있기 때문이다. 그렇게 조금씩 슈퍼바이저의 역량을 확대하다 보니 두 가지 업무 모두 효율적으로 해낼 수 있게 되었다. 이러한 장점들로 인해 지금도 매장이 꾸준히 늘어나고 있다. 특별히 광고를 하지 않는데도 불구하고 매장이 늘어난다는 것은 무척 고무적인 일이다. 좋은 기회를 얻어 중국에도 진출하고 있다. 평소 외식업에 관심이 많았던 사업가가 무역 경력을 바탕으로 〈김가네〉를 중국으로 수출한 셈이다. 덕분에 많은 노력을 기울이지 않고 중국에도 비교적 빠르고 쉽게 진출할 수 있었다.

〈김가네〉의 점주들은 실제로 일을 해봤거나 지인들이 하고 있어서 선택한 경우가 많다. 전체 80%정도가 가맹점을 통해 오픈 문의를 하는 것이 이를 반증한다. 롱런브랜드, 장수 브랜드라는 타이틀을 가지고 있지만 더 발전하기 위해 〈김가네〉역시 많은 고민을 하고 있다. 동선을 개선하고 인건비를 줄이는 것 등은 기본이다.

2) 리뉴얼 통해 트렌디한 이미지 구축 〈얌샘김밥〉

(주)얌샘이 16년 동안 운영해 온 분식 프랜차이즈 브랜드 얌샘을 얌샘김밥으로 리뉴얼하고 프리미엄 김밥시장에 성공적으로 안착했다. 얌샘에 대한 애정과 자신감을 바탕으로 메뉴 경쟁력은 강화하면서 젊은 고객층이 선호할만한 메뉴와 분위기를 접목한 것이 주효했다.

(1) 모 브랜드에서 출발해 성공한 브랜드 리뉴얼

㈜얌샘은 경쟁력을 극대화하고 장수브랜드로 거듭나기 위해 〈얌샘김밥〉으로 리뉴얼했다. 프리미엄 김밥이 외식업계에서 주목받자 2013년 말 얌샘은 트렌드를 반영한 프리미엄김밥전문점 〈고집쟁이 김팔이〉를 압구정에 오픈했다. 재료 퀄리티를 높이고 매장 운영 시스템을 효율적으로 설계, 1년 동안 매출도 순조롭게 상승했으며 고객반응도 호의적이었다. 하지만 김밥에 대한 가격저항선이 있어 메뉴 단가 책정이 제한적인데다 재료비와 인건비 등 고정비는 높아 가맹점으로 확장하기에는 부적합하다고 판단, 새로운 방안을 마련했다. 그 결과 기존 분식전문점 얌샘의 리뉴얼을 기획해 실행했다.

이 모든 과정의 중심에는 사업전략본부 마케팅팀이 있었다. ㈜얌샘 사업전략본부의 마케팅 팀장은 브랜드 리뉴얼은 가맹본부를 있게 한 뿌리를 지켜나가겠다는 신념과 메인 브랜드 얌샘의 경쟁력에 대한 믿음에서 시작됐다며 분식메뉴에 강한 얌샘의 특징은 유지하면서 트렌드를 반영해 프리미엄 김밥 메뉴를 도입, 모던하고 깔끔한 B(Brand Identity)로 새로운 이미지를 구현했다고 전했다. 〈얌샘김밥〉으로 브랜드를 리뉴얼한 이후 가맹문의가 급증하고 있으며, 고객 만족도 및 매출이 상승해 성공적인 브랜드 리뉴얼로 자체 평가하고 있다.

마케팅팀 외식 트렌드에 뒤처지지 않기 위해 새로운 브랜드나 신메뉴를 시기에 맞게 론칭, 시장에 선보이고 반응을 확인하는 데 적극적이다. 이후 고객 평가를 분석해 운영에 활용하는데 혹여 실패하더라도 얌샘의 노하우가 된다는 설명이다.

(2) 기업 수명을 연장하는 브랜드 리뉴얼과 론칭

인간의 삶에 출생과 죽음이 있듯이 브랜드도 론칭과 쇠퇴기가 있다. 이를 마케팅에서는 브랜드 수명주기(Brand Life Cycle)라고 일컫고 네 단계로 구분한다. 론칭 초기에 해당하는 도입기와 브랜드 인지도를 쌓는 성장기, 경쟁 브랜드와 차별화에 성공해 브랜드 자산이 구축되는 성숙기, 브랜드 가치가 하락하는 쇠퇴기가 있다. 쇠퇴기에 이르면 브랜드 이미지 노후화와 브랜드 충성도 약화 등으로 인해 수익은 줄어들고 브랜드 가치가 떨어지게 된다. 이에 기업은 브랜드를 재활성화하기 위해 노력한다.

외식업 프랜차이즈 가맹본부는 브랜드를 재활성화하기 위해 브랜드 리뉴얼과 브랜드 확장 방법을 주로 사용한다. 브랜드 리뉴얼은 브랜드의 이미지를 개선하기 위한 전략으로 브랜드 아이덴티티의 구성요소 중 하나 이상을 수정하는 것이다. 기업은 주로 변화를 통해 노후된 이미지를 개선하고 새로운 이미지를 창출하기 위해 이 방법을 선택한다. 소비자가 브랜드에 관한 인식을 달리 갖게 만드는 데는 로고와 인테리어 등 시각적인 요소의 변화가 가장 효과적이다.

㈜얌샘은 브랜드 리뉴얼을 통해 기존 40~50대 후반이었던 가맹점 창업주 연령층을 20~30대 후반으로 낮췄고, 이용 고객도 젊은층이 늘어났다.

최근 스쿨푸드는 기존 프리미엄 분식의 이미지를 넘어 캐주얼 한식 브랜드로 나아가고자 BI(Brand Identity)와 인테리어를 변경한 시그니처 매장을 서울 광화문에 오픈했다. 간편한 식사와 가성비를 중시하는 트렌드를 반영, 매장에 투고(TOGO)존을 설치했다.

브랜드 확장은 서브 브랜드 전략으로 기존 고객의 이탈은 막으면서 신규 고객을 창출하기 위한 전략이다. 모 브랜드(Family Brand)의 인지도를 바탕으로 핵심 아이덴티티를 활용해 새로운 브랜드명과 로고를 통해 하위 브랜드를 개발하는 것이다.

최근 경기 침체가 이어지면서 외식 프랜차이즈 가맹본부가 기존 브랜드의 형태를 달리해 소자본 창업이 가능한 모델을 개발, 예비창업주를 모으고 있는 것이 그 예다.

(3) 브랜드 콘셉트의 차별화와 일원화 중요

공정거래위원회가 공개한 프랜차이즈 정보공개서에 따르면 매달 평균적으로 78개의 신규브랜드가 론칭했으며 자진 취소하는 브랜드는 92개로 집계됐다. 즉 론칭하는 브랜드도 많지만 폐업하는 브랜드 수는 더 많다는 뜻이다. 왜 이렇게 많은 브랜드가 사라지는 것일까.

한 프랜차이즈 가맹본부 관계자는 트렌드에 편승해 자신만의 차별화된 콘셉트 없이 시장에 진출 먼저 해 보는 심리 때문이라고 말한다. 또 이런 가맹 브랜드는 시스템이 체계적이지 못해 보통 10호점 이상을 오픈하지 못하고 위기 대처 능력도 떨어진다고 말했다.

외식 프랜차이즈 가맹본부는 트렌드에 맞는 브랜드를 론칭하거나 리뉴얼하는 것도 중요하지만 자신만의 콘셉트를 분명히 하고 목표와 전략 등을 수립해야 한다. 상권 선정과 매장 규모, 설비, 인테리어, 마케팅 등 매장 운영을 위해서 필요한 모든 과정을 콘셉트의 범주 안에서 진행하는 것이 필요하다.

(4) 생산부터 관리까지, 최상의 서비스

2001년 론칭하여 2006년 가맹 사업 시작, 2015년 리뉴얼해 발전해 온 〈얌샘김밥〉은 오랫동안 분식 브랜드를 운영하면서 다양한 노하우를 축적해 왔다. 흔한 메뉴지만 특별한 맛을 만들기 위해 메뉴개발팀과 기업부설연구소를 운영하면서 레시피 개발에 노력한 것이다. 덕분에 깔끔하면서도 위색적인 분위기, 집밥의 맛을 느낄 수 있어 고객들에게 많은 사랑을 받을 수 있다.

2010년부터는 경기도 파주에 4000㎡(약 1200평) 규모의 생산물류센터를 운영하면서 신선하고 품질 좋은 식자재를 직접 생산.배송하고 메뉴의 퀄리티를 지켜나가기 위해 별도로 품질관리팀을 운영하고 있다. 제품과 관련된 업무는 생산부터 사후 관리까지 최상의 응대를 하고 있다.

재료의 비용을 낮추려는 다양한 노력은 궁극적으로 창업자를 위한 것이다. 불황에는 소자본 창업이 많을 수밖에 없고, 전 재산을 투자한 창업이 잘 돼야 한다. 그렇기 때문에 〈얌샘김밥〉과 같은 실속형, 생계형 창업은 불황을 견딜 수 있으면서 적은 수익이라도 꾸준히 낼수 있는 아이템이 필요하다. 실제로 다양한 프랜차이즈 아이템들 중분식이 가장 폐점율이 낮고 계절변동이 없으며 꾸준한 매출 발생이가능하다는 것은 업계에서 잘 알려진 사실이다. 또한 17년이라는 프랜차이즈 가맹본사의 역사도 신뢰를 높이는 데 한 몫 한다. 맛과 품질을 보장하는 공장과 물류센터 그리고 믿을 수 있는 본사가 잘 조화된 것이 바로 〈얌샘김밥〉이다.

(5) 17가지 매뉴얼로 지키는 브랜드 퀄리티

〈얌샘김밥〉은 맛도 뛰어나지만 다른 분식집에 비해 아늑하고 느낌 있는 식사를 즐길 수 있다. 또한 저렴한 가격을 주장하면서 품질을 낮추는 대신 가격에 어울리는 맛과 품질을 느낄 수 있도록 최선을 다하고 있다. 그래서 〈얌샘김밥〉의 고객층은 매우 다양해질 수 있었다. 김밥 등을 비롯한 분식 메뉴는 간식 또는 젊은이들이 먹는 것이라는 생각에서 벗어나 어린이부터 어르신까지 다양한 고객층을 형성하면서 각각의 니즈를 충족시킬 수 있었던 것이다. 메가김밥, 통새우김밥 등 프리미엄 김밥에 어울리는 메뉴 외에 정기적으로 신메뉴를 출시하고 필요한 경우 인테리어도 리뉴얼을 하면서 고객이 느끼는 〈얌샘김밥〉의 이미지가 늘 최고가 될 수 있도록 노력하고 있다.

거의 모든 프랜차이즈 브랜드가 운영이나 레시피 등에 매뉴얼을 가지고 있지만 〈얌샘김밥〉은 다르다. 매장 운영 매뉴얼, 조리 매뉴얼, 서비스 교육 매뉴얼 등을 비롯해 SV 오픈 매뉴얼, 해외 사업 관런 매뉴얼까지 총 17가지의 매뉴얼을 보유하고 있기 때문이다. 조금이라도 시스템이 필요하면 어떤 분야에서 매뉴얼을 만들고 그에 따라 움직이기 때문에 〈얌샘김밥〉은 매장을 오픈할 때부터 현재까지 늘 한결같은 모습으로 이어지고 있다.

(6) 2017년, 가시화된 해외 첫 매장 오픈

〈얌샘김밥〉의 2016년은 무척 행복한 한 해였다. 어려운 경기에도 불구하고 리뉴얼된 브랜드를 40개 이상 오픈했기 때문이다. 그래서 2017년에도 가맹점 수를 늘려 더 많은 매장에서 고객들을 만나고 싶다는 목표를 가지고 있다. 기존의 브랜드인 〈얌샘〉과 〈얌샘김밥〉 매장을 합해 200호점을 달성하는 것을 브랜드의 목표로 삼고 있었는데, 그 이유는 전국적으로 가맹점을 오픈하면서 고객에게 친숙하면서도 사랑받는 브랜드가 되고 싶기 때문이다. 그래서 매장 수보다는 점주 및 소비자들과의 교감, 커뮤니케이션, 지속적인 신메뉴 개발, 이벤트 등을 열심히 펼쳐나가고 있다.

그 과정에서 브랜드 가치는 증대되고 인지도 역시 상승할 것이 분명하다. 또한 2017년에는 오랫동안 준비해온 해외 진출에도 역량을 다했다. 서두르지 않고 천천히 정보를 수합해 중국, 베트남 등의 주요 파트너들과 구체적인 계약을 검토했으며 특히 베트남 진출의 경우 가시화돼 2017년 〈얌샘김밥〉 1호점을 오픈하였다. 쉽지 않은 길이었지만, 브랜드와 한식을 더 널리 알린다는 긍지로 일해 왔기 때문에 언젠가는 우리나라뿐만 아니라 전 세계에서 〈얌샘김밥〉을 만날수 있게 될 것이다.

(7) 영양가득 한 끼 식사로 충분한 〈얌샘김밥〉

〈얌샘김밥〉은 퓨전분식전문점 얌샘에서 선보이던 김밥 메뉴를 더욱 강화하고 컵밥과 주먹밥 등 간단하게 즐길 수 있는 식사 메뉴를 보강해 새롭게 선보인 김밥전문 브랜드다.

단국대점을 시작으로 처음 문을 연 얌샘김밥은 소형평수의 테이크아웃 전문매장, 배달매장 등 다양한 형태와 규모의 창업모델을 선보이며 예비창업자들에게 주목받고 있다. 이곳에서 선보이는 김밥메뉴는 햄김밥, 참치마요김밥, 매운참치김밥, 매운불고기김밥, 메가팔뚝김밥 등 총 10종이다. 특히 기존 얌샘매장에는 없지만 신규로 오픈한얌샘김밥 매장에서만 선보이는 날치알톡톡김밥, 두장치즈김밥, 스팸말이김밥, 돈까스샐러드김밥이 눈에 띈다.

또한 '세상에서 가장 맛있는 김밥'을 슬로건으로 내세운 만큼 주문 후 즉석에서 조리하는 것을 원칙으로 해 고객들에게 맛에 대한신뢰를 심어주는 데 주력하고 있다.

이밖에도 주방이 훤히 보이는 오픈키친 및 자체개발한 테이크아웃 포장용기와 고유 캐릭터를 활용한 인테리어 등은 얌샘김밥만의 밝고 캐주얼한 느낌을 완성하기에 충분하다.

(8) 전국 달인의 김밥을 맛볼 수 있는 〈고집쟁이 김팔이〉

프랜차이즈 전문기업 ㈜얌샘에서 론칭한 〈고집쟁이 김팔이〉는 김밥에 요리개념을 적용해 든든한 영양식으로 제공한다는 콘셉트의 브랜드다. 김밥의 주재료인 김, 쌀, 단무지, 달걀 등을 친환경 재료를 활용해 건강한 메뉴를 만드는데 주력하고 있다. 대표적인 것이 무(無)산처리한 친환경 장흥무산김 사용이다.

〈고집쟁이 김팔이〉는 많은 김 양식장에서 염산을 사용해 잡태나 이물질을 제거하고 있다. 염산을 사용하지 않는 '착한 김'을 찾아 전국을 고집스럽게 돌아다녀 장흥무산김을 발견한 것이다.

전남 장흥에서 어업인들의 적극적인 참여 아래 생산되고 있는 장흥무산김은 산처리 없이 바람과 햇빛이라는 자연의 힘만 빌려 생산되는 김이다. 전국 김 생산량의 5% 정도만 차지할 정도로 대량생산은 어렵지만 검증된 품질의 친환경 무산김이다. 이외에도 100% 국내산 햅쌀, 무색소 단무지, 무항생제 달걀 등 가장 건강하고 좋은 재료를 사용하는 데 주력하고 있다. 또 한 가지 주목할 점은 다른 곳에서는 쉽게 볼 수 없는 독특한 메뉴다. 전국의 '김밥 달인' 들이 경합을 벌여 탄생한 달인김밥이 그 주인공으로, 다양한 실험적인 메뉴 중 선별을 거쳐 탄생했다. 해당 메뉴인 비타민사과김밥, 에스프레소 김밥, 마늘김밥, 모듬메가김밥 등은 고객의 호기심은 물론 맛도 우수해 큰 인기를 끌고 있다.

3) 서부 경남 최고의 김밥 〈김밥일번지〉

세상에서 가장 맛있고 건강한 밥 바로 '엄마가 해주는 밥' 이다. 각박한 세상 속에 던져진 현대인들에게 가장 필요한 것도 소박하지만 따뜻한 '엄마 밥상' 이다.

경남 김해에 있는 〈김밥일번지〉는 바로 그런 엄마의 마음을 밥상으로 구현하고 있다. 이곳은 1000원짜리 김밥으로 성공신화를 쏘아 올린 대표적인 성공 아이콘이다.

1998년 경남 김해시 내외동 신도시 건설 무렵, IMF로 아파트 공사가 늦춰지면서 빈 공터에 자연스럽게 형성된 시장에서 김밥을 말아 팔기 시작, 2년만인 2000년에 정식 매장을 오픈한 이후 현재 김해와 창원, 부산 등지에 13개의 직영점을 운영하고 있다.

20년 세월 동안 맛.서비스.위생 등 외식업의 기본은 물론 고객을 배려한 서비스와 공간 제공 등으로 고객의 마음을 사로잡은 서부 경남 최고의 김밥전문점 〈김밥일번지〉다.

(1) IMF때 노점에서 시작해 27개 직영매장 운영

〈김밥일번지〉의 성공신화는 IMF를 겪으면서 시작됐다. 전 국민이 고통을 겪던 그 시절, 이곳 대표도 예외는 아니었다. 남편의 사업에 위기가 닥치면서 평범한 가정주부로 남편과 아이들 뒷바라지만 해왔던 그가 처음으로 장사라는 것을 시작하게 되었다.

평소 음식 솜씨와 손재주가 좋아 상차림이 남달랐던 그가 도전한 것은 너무도 평범한 김밥이었다. 다들 힘든 시기인 만큼 저렴한 가격에 든든하게 먹을 수 있는 것이 무엇일까를 고민하다가 누구나 손쉽게 먹을 수 있는 김밥으로 결정했다.

가격은 만만한 가격에 한 끼를 해결할 수 있는 1000원 김밥이었다. 노점이었지만 김밥일번지라는 상호도 있었다. 노점은 비위생적이라는 인식을 불식시키기 위해 눈처럼 하얀 행주를 수십 개씩 마련해 사용하고, 매일 삶아 햇볕에 뽀송뽀송하게 말리는 정성을 더했다. 또 가장 맛있는 밥은 비록 찬은 없더라도 어머니가 갓 지은 따뜻한 밥이라는 생각에 일정 분량만큼의 재료만 준비해 다 팔고나면 집으로 가 다시 재료를 준비해서 파는 등 하루 네댓 번씩 자전거로 집을 오가는 노력을 아끼지 않았다. 노점은 날로 번창해 대표 혼자서는 재료 준비와 판매를 도저히 감당할 수 없을 만큼 소위 '기업형 노점'으로 급성장했다. 그는 집 앞에 빈 점포를 구하고 김밥에 필요한 재료를 만들어 본격적으로 공급하기 시작했다. 당시 김밥 재료를 조리하기 위해 채용한 직원만 6명이나 되었으니, 그때부터 이미 센트럴 키친(Central Kitchen, CK)을 접목한 셈이다.

2000년 들어 김해 신도시 건설사업 본격화로 재래시장 폐쇄와 함께 노점도 철수하면서 본점인 132㎡(약 40평) 규모의 점포를 오픈, 서부 경남 최고의 김밥 맛집으로 등극한 김밥일번지는 이후의 행보도 남다르다. 일반적인 분식집이 아니라 모든 음식을 즉석에서 조리해 주며, 마치 잔칫날처럼 푸짐하게 먹을 수 있도록 다양한 메뉴 카테고리를 개발해 한국형 패밀리 레스토랑을 지향하고 있다. 또 프랜차이즈를 전개하기 보다는 다점포를 직영으로 운영하며 시스템을 구축하는 등 내실 다지기에 주력해 왔다.

한편 김밥일번지는 〈구윤희의 행복밥상〉이라는 외식사업부를 통해 추어탕, 황태해장국, 뚝배기 불고기 등 일품 한식을 선보이는 〈안채〉, 대한민국 명인들의 전통 장류로 그리운 엄마의 밥상을 구현한 〈엄마뚝배기〉, 한우 암소 1등급 숯불구이전문점 〈한우파티〉 등 총 27여 개 매장을 운영하고 있다.

〈표7〉 구윤회의 행복밥상

매장수	김밥일번지	안채	엄마뚝배기	한우파티
	13개	9개	3개	2개
매장	김해 외동, 김해 함박로, 김해 주촌면 서부점, 김해 구산로점, 김해 장유점, 김해 어방동점, 창원 성산동점, 창원 사파점, 창원 팔용점, 마산 내서점, 부산 부경대점, 부산 연산점, 울산 굴화점	부산 센텀점, 김해 구산동 1호점, 김해 구산동 2호점, 김해 삼계점, 김해 장유점, 부산 양산점, 부산 사상점, 부산 화명점, 울산점	김해 구산동점, 김해 장유점, 부산 센텀점	부산 센텀점, 부산 구포점
주요 메뉴	김밥류, 라면류, 밥류, 만두, 떡볶이, 국수류, 잡채 등 60여 가지	추어탕, 들깨추어탕, 황태진국, 별미잡채, 돈까스, 치즈돈까스, 금산인삼튀김	엄마된장, 들깨영양찜 , 재첩진국, 한우불고기	한우파티 스페셜, 한우암소 꽃등심, 한우암소 갈비살, 암소모듬구이, 차돌박이 된장, 왕갈비탕, 뚝배기불고기

(2) 셀프서비스 시스템 구축 등 최고의 '가성비'

오랜 세월 지역주민들의 사랑방 역할을 해 온 〈김밥일번지〉는 처음 이곳을 방문한 사람과 단골고객과의 차이가 확연하다. 일단 처음 방문한 손님은 자리부터 찾아 앉아 종업원이 오기를 기다린다. 그러나 이곳을 한 번이라도 방문한 고객이라면 카운터에 줄부터 선다. 카페테리아처럼 셀프 시스템이기 때문이다.

처음 이 방식을 도입한 이유는 아무리 많이 팔아도 도저히 수익이 나지 않아서였다. 매장을 열면서 1000원짜리 김밥과 함께 노점에서는 여건상 고객들에게 국물을 제공하지 못했던 아쉬운 마음에 우동과 라면을 추가해 각각 1500원과 1000원이라는 가격에 판매했는데, 원가에 가까운 가격으로 제공하다보니 아무리 많이 팔아도 도저히 수익이 나지 않았다. 이에 백화점의 푸드코트 시스템을 벤치마킹해 셀프시스템을 구현했다.

고객이 직접 주문을 하고, 음식이 나오면 받아 가서 먹은 후 잔반처리 및 식기 분리까지 스스로 하도록 했다. 처음 셀프시스템을 도입할 때는 행여 고객들이 불평하면 어쩌나 걱정했지만 누구 한 명 불만을 말하는 고객이 없었다. 이를 통해 음식 가격을 15년 동안 유지하면서 품질은 오히려 높일 수 있었다. 현재는 식재료비 및 인건비 등 제반경비의 상승으로 음식가격의 인상이 불가피해 메뉴별 가격을 인상해 제공하고 있다. 그러나 1500~7000원까지의 다양한 메뉴는 여전히 가성비 측면에서 고객만족도가 높다.

(3) 분식점이 아닌 3대가 즐기는 가족외식공간

〈김밥일번지〉는 준주거지역인 B급 상권에서 패밀리레스토랑을 지향하는 만큼 지역주민들의 충성도가 매우 높다. 본점의 경우 한 자리에서 16년 동안 영업을 해 10여 년이 넘는 단골이 수두룩하다. 또 분식집은 대부분 학생 또는 오가는 행인들이 많지만 이곳은 할아버지, 할머니, 아빠, 엄마, 자녀들까지 3대가 함께 외식을 하러 오는 곳이다.

분식 패밀리레스토랑을 지향하는 만큼 메뉴도 일번지김밥. 땡초김밥. 돈까스김밥 등 김밥류부터 콩나물비빔밥. 오징어덮밥. 제육덮밥 등 밥류, 일번지라면. 카레우동. 해물볶음우동 등 면류와 떡볶이, 만두, 즉석잡채 등 60여 종류의 다양한 메뉴를 갖추고 있다.

가족외식공간으로서 자리매김하기 위한 차별화 전략도 눈에 띈다. 분식집에서 흔히 볼 수 있는 간이 테이블이 아닌 원목 테이블과 벤치형 의자를 설치해 단정한 분위기와 그린색으로 포인트를 주어 경쾌함을 추구했다.

또 본점 2층에는 옛날 어머니가 학교에서 돌아오면 벽장 속에 숨

겨 두었다가 꺼내 주던 간식에서 착안해 벽장 속에 뻥튀기과자를 넣어놓고 고객이 찾아서 먹도록 하거나 곳곳에 어르신들이 어린 시절을 추억할 수 있는 장치를 해놓아 남녀노소 누구나 방문해도 이야깃거리가 가득한 가족외식공간으로 손색이 없다.

현재 본점은 학교 앞 준주거지역에 위치해 2층 영업에 문제가 있어 폐쇄하고, 매장 바로 앞쪽으로 별관을 운영하고 있다. 전형적인 주택가 상권이지만 24시간 운영할 정도로 흡인력이 높다.

(4) 스타메뉴는 전 매장에 접목해 부가매출 증대 기여

〈김밥일번지〉는 '구윤희의 행복밥상'에서 구현하는 모든 브랜드 메뉴 구성의 시발점이다. 안채, 엄마뚝배기, 한우파티 등을 전개할 때도 주메뉴 외에 각 매장마다 빠지지 않고 등장하는 시그니처메뉴가 있다. 바로 즉석잡채다.

잡채는 잔칫날 빠지지 않고 상에 오르는 메뉴지만 평소 가정에서 해먹으려면 손이 많이 가 손쉽게 해먹지 못하는 음식이다. 〈김밥일번지〉는 잡채를 즉석에서 조리해 따뜻하게 먹을 수 있도록 상품화했고, 안채나 엄마뚝배기에서도 시그니처메뉴로 자리매김하고 있다. 또 홍삼 엑기스와 꿀을 섞은 소스에 찍어 먹는 수삼튀김은 안채, 엄마뚝배기, 한우파티 매장에서도 맛 볼 수 있다.

서로 성격이 다른 여러 개의 브랜드를 운영하고 있지만 매뉴얼과 시스템을 확보한 사이드메뉴를 공통적으로 접목함으로써 부가매출 증대에도 기여하고 있다. 즉석 잡채 외에도 3000원짜리 콩나물밥의 인기가 매우 높다. 커다란 옹기그릇에 푸짐하게 나오는 콩나물밥과 즉석잡채는 각 테이블마다 하나 이상은 빠지지 않고 올라와 있다.

〈김밥일번지〉는 시그니처메뉴인 즉석잡채와 콩나물비빔밥은 옹기 항아리 뚜껑은 그릇으로 사용하고 있다. 옹기가 주는 투박한 느낌과 푸짐하게 담은 즉석잡채, 콩나물비빔밥은 구윤희의 행복밥상이 추구하는 '따뜻한 엄마의 손맛과 정성'을 담은 대표적인 스타메뉴다.

(5) CK 운영으로 메뉴 품질 균일화. 업무 효율화

〈김밥일번지〉는 가성비가 높은 곳으로 유명하다. 이는 CK를 통해 운영의 효율성을 높였기 때문이다. 이곳은 일반 외식업소에서 CK에 대한 개념이 확립되기도 훨씬 전인 1998년 노점에서 장사를 시작하면서부터 고객에게 보다 맛있고 위생적인 김밥을 제공하겠다는 생각에 33㎡(10평)규모의 별도 공간에서 김밥 속 재료를 만들어 실어 나르면서 CK의 개념을 접목했다. 이후 점포가 번창하면서 2000년도 3300㎡(100평)규모의 CK를 운영하다가 2012년 3만 3000㎡(1000평)규모의 CK 공장을 본격적으로 가동하기 시작했다. 초창기에는 김밥,

라면, 우동 세 가지 메뉴만 취급했으나 점차 메뉴가 50여 가지 이상으로 늘어나면서 더는 작은 점포에서 해결할 수 있는 상황이 아니었다. 현재는 안채, 엄마뚝배기, 한우파티 등 브랜드가 늘어나면서 올해 제1 CK공장 바로 옆에 3만 3000㎡(1000평)규모의 제2 CK공장을 추가로 가동, 밥부터 김밥 속과 즉석 두부 제조 및 나물, 찬류 등 모든 브랜드의 메뉴의 기본 재료를 전처리한 후 반조리 또는 완전조리 상태에서 전용 탑차로 각 매장마다 배송 하고 있다. CK 공장 가동으로 각 매장에는 별도의 전처리 공간이 필요 없는 것은 물론 조리된 상태의 재료를 간단하게 데우거나 반조리 된 재료를 즉석 조리해 내면 돼 빠른 서비스가 가능하다. 또한 식재료 대량 구입에 따른 원가절감으로 가성비가 매우 높은 곳으로 정평이 나 있다.

(6) 음식에도 디자인 경영이 중요하다

이곳 대표는 음식의 담음새, 용기, 상차림 등 디자인을 매우 중요하게 생각한다. 음식은 어떤 용기에 담아 제공하느냐에 따라 가치가 달라지기 때문이다. 멜라민 그릇에 담으면 3000원짜리 콩나물비빔밥에 불과하지만 옹기그릇에 담아 제공하면 그 이상의 가치가 생긴다. 가격을 더 높게 받아도 가치가 있다면 고객들은 지불한 가격보다 훨씬 대접받는 느낌을 받는다는 것이 그의 지론이다. 디자인을 중요시하는 것은 직원의 행복과 고객이 즐거운 공간을 제공한다는 점에서 매우 의미가 있다. 〈김밥일번지〉는 분식이기 때문에 메뉴 퀄리티와 식공간에 중점을 뒀다면, 안채와 엄마뚝배기 등의 브랜드를 전개하면서 그릇과 상차림 등 디테일한 부분에도 신경을 썼다. 밥그릇과 수저는 방짜 유기를 사용하고, 찬은 도자기에 담아낸다. 특히 수저는 하얀 광목천으로 수저집을 만들어 제공하고, 물잔 등 테이블에 올려 놓는 기물에는 하얀면에 예쁜 꽃수를 놓은 보를 덮어 놓았다. 이를 통해 직원들에게는 자신이 그저 그런 밥집에서 일하는 종업원이 아니라 좋은 음식을 좋은 그릇에 담아 좋은 서비스를 제공해 고객에게 행복을 전달하는 서비스인이라는 자부심을 느끼게 하고, 고객에게는 감동을 전하고 있다. 특히 찬을 담는 그릇은 디자인과 색깔을 제각각 달리해 여성고객에게 보고 맛보고 즐기는 재미를 쏠쏠하게 안겨주고 있다.

(7) 실패를 통해 단단해진 맷집으로 신규사업 도전

서부 경남 최고의 맛집으로 자리매김한 〈김밥일번지〉는 모두 직영으로 운영되고 있다. 〈산들 가는길〉로 프랜차이즈 전개를 시도했지만 잠정적으로 모두 중단한 상태다. 〈김밥일번지〉의 상호등록이 안 돼 〈산들 가는 길〉로 프랜차이즈를 시도했지만 가맹점주들의 마인드나 메뉴의 퀄리티 등이 생각처럼 따라오질 않자 브랜드 이미지 추락을 우려해 결단을 내린 것이다. 이에 가맹점을 모두 거둬들여 일부는 직영매장으로 인수하고 일부는 정리했다. 그만큼 맛과 정성을 중요시하고 있음을 단적으로 보여주는 사례다.

〈김밥일번지〉의 메뉴개발은 이곳 대표가 직접 진두지휘한다. 메뉴의 퀄리티를 중요시하는 만큼 메뉴개발 시 중점을 두는 것 역시 먹으면서 즐거운 것, 가치가 있는 것이다. 처음 김밥만 팔다가 우동과 라면을 추가한 것도 고객을 위한 배려였고, 다양한 면류와 밥류 등 50여 가지가 넘는 메뉴를 개발하면서도 다른 업소와는 차별화되면서 고객이 먹으면서 즐거운 특별한 메뉴개발에 전력을 기울였다. 직접 개발한 메뉴는 일일이 CK에서 조리 오퍼레이션을 거쳐 완성시킨 후 직원 조리교육까지 시스템화해 품질과 퀄리티를 유지하고 있다.

(8) 〈김밥일번지〉의 브랜드

① 추어탕 등 일품 한식전문점 〈안채〉: 그리운 어머니의 밥상을 생각나게 하는 안채의 대표메뉴는 '경상도식 추어탕'이다. 된장을 풀지 않고 맑게 끓여낸 추어탕에 방아잎과 제피가루를 넣어 깔끔하게 즐길 수 있다. 방아잎과 제피가루가 생소한 고객은 '들깨추어탕'을 권한다. 전날 과음했다면 사골처럼 진하게 우려낸 '황태진

국', 직장인들의 든든한 한 끼는 '한우불고기 뚝배기'가 제격이다. 어린이 고객들에게는 '돈까스'와 '치즈돈까스'가 인기다. 일품요리에는 맛깔난 찬들이 곁들여져 누구나 편안하게 즐길 수 있고 가족고객이나 친목모임에도 좋다. '별미잡채', '금산인삼튀김' 등 다양한 사이드메뉴도 갖추고 있다. 특히 김해 구산로점은 안채 추어탕 전문점이 들어서면서 거리에 신규상권이 조성돼 활기를 띠기 시작, 현재 음식점 및 카페들이 늘어나 '카페거리'로 불리고 있다.

〈안채〉의 주요메뉴는 추어탕, 들깨추어탕, 황태진국, 별미잡채, 돈까스, 금산인삼튀김이다.

② 그리운 엄마 밥상 〈엄마뚝배기〉: 대한민국 명인들이 전통 장류로 그리운 엄마 밥상을 구현해 낸 부산 해운대 벡스코의 대표 맛집이다. 엄마뚝배기는 어느 가정에서나 손쉽게 끓여 먹는 된장찌개지만 명인이 담근 된장에 차돌박이와 참미더덕을 넣어 끓인 '엄마된장', 멸치와 해물을 우려낸 육수에 들깻가루를 듬뿍 넣어 보양식으로도 손색없는 '들깨영양찜', 시원한 국물 맛이 일품인 '재첩진국'이 대표메뉴다.

찬의 구성은 '가난한 밥상이 몸에 이롭다'는 말처럼 해조류와 생배추를 쌈으로 제공하고, 직접 만든 두부와 나물류, 인삼.대추튀김,

전.샐러드 등으로 구성했다. 여기서 제육을 더해 다소 헛헛할 수 있는 밥상을 보완, 가족 외식이나 가벼운 모임의 메뉴로도 즐길 수 있다. 밥그릇과 수저는 방짜 유기를 사용하며 찬은 도자기에 담아냄으로써 가치를 높였다.

〈엄마뚝배기〉의 주요메뉴는 엄마된장, 들깨영양찜, 재첩진국, 한우불고기다.

③ 한우 암소 1등급 구이전문점 〈한우파티〉: 한우 암소만을 내놓는 한우파티는 모든 고객이 파티장에서 음식을 먹듯이 편안하고 즐겁게 고기를 먹길 바란다는 의미로 지었다고 한다. 저렴한 가격에 비해 참숯과 석쇠를 사용해 굽는 한우는 경남 거창산 1등급 육질로 감칠맛이 일품이다. 고기와 함께 밑반찬으로 나오는 무청 장아찌는 그늘에서 말려 간장에 절인 후 갖은 양념을 했다.

고기와 함께 곁들여 먹으면 소화 흡수도 도와주면서 상큼한 맛과 부드러운 한우 육질이 어우러져 색다른 '음식궁합'을 연출한다. 통들깨를 듬뿍 뿌린 상추 겉절이도 고기를 싸서 먹으면 씹는 느낌이 색다르다. 점심시간 직장인을 타깃으로 내놓은 '뚝배기 불고기'와 한우 뼈를 푹 고아서 만든 '왕갈비탕'도 국물 맛이 시원해 고객들이 많이 찾는다.

〈한우파티〉의 주요메뉴는 한우파티 스페셜, 한우암소 꽃등심, 한우암소 갈비살, 암소모듬구이, 차돌박이 된장, 왕갈비탕, 뚝배기불고기이다.

4) 소풍날 엄마가 만들어주던 정성 〈고봉민김밥人〉

지난 2009년 2월, 부산광역시 남구 용호동에서 동네 김밥집으로 시작한 〈고봉민김밥人〉은 소풍날 엄마가 손수 만들어 준 정성을 담아 좋은 재료와 좋은 레시피, 청결을 모토로 한 건강한 김밥전문점을 표방한다.

이곳에서는 수십 가지에 달하는 다양한 메뉴 대신 남녀노소 누구에게나 인기가 많은 핵심메뉴에 집중해 돈까스김밥, 새우김밥, 참치김밥, 치즈김밥 등 7가지 정도의 간결한 메뉴를 선보인다. 메뉴는 간소화 하되 미리 싸서 쌓아놓고 판매하는 저렴한 김밥전문점과 차별화하기 위해 좋은 식재료로 제대로 만드는 것을 철칙으로 하고 있다. 매일 아침마다 매장에서 직접 재료를 데치고 천연재료로 육수를 내는 노력도 이러한 원칙 중 하나다. 또 당일 남은 식재료는 반드시 폐기하도록 교육하고 있다. 이밖에도 김밥집하면 으레 떠오르는 플라스틱 식기를 과감히 탈피해 김밥 한 줄도 도자기 식기에 내놓는 등 디테일 한 소품에 신경 썼다. 따듯하고 편안한 분위기의 원목 테이블과 실내 인테리어도 강점이다. 부산.경남 지역을 중심으로 가맹점을 확대하다 서울 광장동에 입성하며 수도권에 진출, 현재 오픈예정 매장을 포함해 전국에 200여개 매장을 운영중이다.

핵심메뉴의 퀄리티에 집중한다는 전략을 펼치고 있는 고봉민 김밥의 시그니처 메뉴인 돈까스김밥은 직접 튀긴 수제돈가스가 깻잎, 소스와 어우러져 고소함을 배가시킨다.

5) 숯 향 배인 고기 가득 프리미엄 김밥 〈찰스숯불김밥〉

(1) 전국 30여 개 매장, 지난 2016년 5월에는 홍콩에 진출

1인 가구가 증가하면서 도시락, 테이크아웃 시장이 확대되고 있는 것은 누구나 아는 사실이다. 이와 동시에 외식시장은 저렴한 가격대의 아이템 혹은 가격이 조금 비싸더라도 고품질의 프리미엄 시장으로 양분되고 있는 상황이다. 어중간한 가격과 품질로는 제대로 된 포지셔닝을 할 수 없는 환경이 조성되고 있다. 게다가 비싼 명품은 사지 못하더라도 생활용품이나 간식, 디저트 등 일상 속에서 작은 사치를 누리고자 하는 '포미족(For Me 族)'이 증가하면서 김밥을 비롯한 프리미엄 분식에 대한 수요 또한 늘어나고 있다.

〈찰스숯불김밥〉은 최근의 이런 시장 변화에 적합한 아이템 중 하나다. 양질의 식재료를 가득가득 담은 '프리미엄 김밥'으로 천천히 인지도를 넓혀나가고 있다.

대중에게 알려지기 시작한 건 지난 2010년, 이곳 대표가 홍대 인근의 작은 매장에서 숯불에 구운 고기로 만든 김밥 한 줄을 4000원에 선보이면서부터다.

프리미엄 김밥에 대한 인식조차 전무하던 시기, 이름을 알리기는 쉽지 않았지만 오로지 맛에 대한 자부심으로 매장을 운영해오면서 현재는 2개의 직영매장 포함, 총 30여 개의 매장을 운영 중이다.

또한 지난 2015년 5월 중순에는 홍콩의 유일한 상업지역 내 최고 번화가인 '코즈웨이베이'에 매장을 오픈하기도 했다.

㈜마뜰락의 대표는 간장 양념의 돼지목살, 숯불 향이 배인 김밥을 만들어내기 위해 한 달간 이것만 먹은 적도 있었지만 그래도 행복했다. 결국엔 내가 좋아하는 것을 팔아야 한다고 믿고 있었기 때문이다. 싫어하는 음식이라면 간 보는 일조차 귀찮아 졌을 것이다.

물론 맛이 전부는 아닐 테지만, 고객이 선택하는 결정적인 이유 또한 맛으로 귀결된다고 확신한다며 〈찰스숯불김밥〉의 경쟁력을 정의했다.

(2) 26.4㎡(8평) 매장에서 월 평균 6200만원 매출

〈찰스숯불김밥〉의 대표 메뉴는 역시 숯불김밥이다. 간장과 마늘, 생강, 설탕, 후추, 파 등 100% 천연재료로 만든 특제 양념이 배인 돼지목살, 이것을 숯불에 구워 김밥에 넣었다. 김밥을 베어 무는 동시에 특유의 숯 향이 고스란히 퍼진다. 다른 브랜드의 김밥에서 찾아볼 수 없는 맛과 향이다.

김밥에 들어가는 숯불고기는, 파주의 CK(센트럴키친)에서 사람이 직접 한 장 한 장 구워낸다. 인공향이나 목초액, 식품첨가물, 인공보존제 등을 전혀 사용하지 않고 구워낸 고기는 김밥에 들어가기 좋은 크기로 썰어낸 후 영하 18도의 냉동고에서 급속 냉동 과정을 거친다. 이렇게 팩 포장된 제품들은 전국 각 매장으로 출고된다.

〈찰스숯불김밥〉은 이외에도 가맹점을 오픈할 때 약 2주간의 인테리어 공사기간을 거치는데, 이때 이곳 대표가 직접 함께하며 가맹점주 교육을 병행한다. 가맹점 숫자를 새롭게 늘리는 것보다 현재 가맹점들이 일정 수준 이상의 품질을 유지하는 게 더 중요하다는 것이 〈찰스숯불김밥〉의 목표이자 신념이기 때문이다.

현재 〈찰스숯불김밥〉 홍대점의 경우 26.4㎡(8평)이 채 안 되는 규모에서 월 평균 6200만원 내외의 매출을 올리고 있다.

(3) 가맹점의 안정적인 매출은 본사의 의무

가맹점주들의 상황과 관계없이 매장을 늘리기만 하면 본사의 브랜드 인지도가 더 올라갈 수도 있겠지만 가맹점주들은 자신의 모든 것을 작은 점포에 투자하는 것이다. 한 사람의 인생이 좌우 될 수 있는 순간이기 때문에 각 매장이 안정적인 매출을 올릴 수 있도록 하는 것이 가장 큰 의무이다.

〈찰스숯불김밥〉은 향후 동남아 시장을 중심으로 유럽에까지 진출할 계획이다. 특유의 숯 향은 어느 문화권에서나 잘 어울릴뿐더러 현재 동남아 시장에서는 한류열풍이 불고 있어 유리할 것이라는 판단에서다. 특히 한국의 김밥 브랜드로서 해외 진출을 한 사례는 아직까지 없기 때문에 그 선두에 나서기 위해 다양한 중장기 플랜을 준비하고 있다.

급성장까지는 아니더라도 아주 천천히, 은근하게 고객들의 사랑을 받으며 성장할 것으로 기대되는 〈찰스숯불김밥〉이다.

2010년 2월 브랜드를 론칭한 〈찰스숯불김밥〉의 총 개설비용은 49㎡(15평)기준 5900만원 정도다. 전화 1688-1735.

2. 신생브랜드의 틈새 전략

1) 친환경. 해외진출. 소자본을 위한 명품김밥 〈킹콩마더스김밥〉

(1) 특별한 점포, 그 희소성을 갖다

〈킹콩마더스김밥〉은 매장에 들어서자마자 브랜드 탄생 배경이 벽면에 붙어있어 눈길을 끈다. '지난 2008년 2월 독일 뮌스턴 동물원에서 생후 3개월 된 새끼 고릴라 클라우디오가 숨을 거두었는데, 그 어미인 가나는 클라우디오의 죽음을 받아들이지 못하고 생명이 끊어진 새끼를 품에 안고 흔들어 깨우고, 심지어는 등에 태워서 걸어가는 등 안타까운 모습을 보여 보는 이로 하여금 눈물짓게 했다.

지구상에 존재하는 포유류 중 가장 모성애가 강한 동물인 고릴라의 절대적인 모성애를 접하고, 엄마의 정성과 따뜻한 손길로 모든 음식을 만들어 고객들에게 제공하고 싶다는 염원으로 〈킹콩마더스김밥〉을 세상에 내놓은 것이다. 2012.8.1. Dr.Kevins' 브랜드에 대한 구차한 설명 없이도 이런 문구는 점포를 방문한 고객들에게 스토리텔링이 되어 브랜드에 대한 아이덴티티를 인식시키며 신뢰를 갖게 한다. 〈킹콩마더스김밥〉은 홍대본점을 비롯해 국회의사당역, 흑석역, 부천상동 세이브존 등 7곳에 자리하며, 원팩 가공된 식재료 공급으로 테이크아웃 강화, 고급화 된 포장용기 사용 등 가격보다는 고객 가치 만족에 주력하고 있다.

(2) 프리미엄 분식, 현대인의 당연한 수순

당일 생산 당일 소비를 원칙으로 안전한 음식을 공급하는 데 주력 한다는 〈킹콩마더스김밥〉. 친환경 쌀, 무색소 단무지, 지리산 산청 천연식초, 고랭지 배추김치 등 좋은 식재료만 엄선해 고객들의 위생 과 영양을 고려하고 있다.

식자재는 신세계, 동원홈푸드 등 대기업에서 위생처리 된 제품 위 주로만 공급받아 안심할 수 있으며, 조리경험이 없는 창업자들도 손 쉽게 메뉴를 만들 수 있도록 개발했다. 즉, 원팩 가공된 식자재를 매장에 공급하며, 조리공정의 단순화와 간소화로 인건비 절감 효과 는 물론, 일정한 맛 유지에도 많은 노력을 기울였다.

신규 입점하는 상권과 입지조건 또한 본사 사업계획본부의 철저한 조사를 바탕으로 점포 개발에 집중하고 있다. 고객들은 개인의 다양 한 취향과 다원적인 식감 선호로 인해 이색적인 음식과 분위기를 찾 아 나선다.

웰빙, 친환경, 안전식품에 높은 관심을 갖는 현대인에게 프리미엄 분식은 큰 인기를 끌고 있다. 창업 성공을 위해 디자인의 차별화,

메뉴구성의 독창성과 상대적으로 저렴한 가격대, 운영콘셉트의 경쟁 요소 등을 골고루 갖춰야 한다고 강조한다.

(3) 글로벌 브랜드로서의 교두보 마련

반드시 가맹점주가 모든 메뉴를 완벽하게 조리하며, 고객감성을 이끌어내는 경영능력도 갖춰야 함을 주문했다. 〈킹콩마더스김밥〉은 외식 초보자들도 창업 성공을 담보할 수 있도록 인큐베이팅 창업을 지원하는 인턴십 프로그램을 운영한다. 소자본 청년창업, 은퇴창업 등을 지원하기 위해 신한은행과 연계한 창업 대출 지원도 시행한다. 인테리어 비용을 6개월간 분납할 수 있도록 초기 창업자금을 줄여주는 등의 노력도 기울이고 있다. 서울, 경기 등 수도권 지역을 중심으로 직영점과 가맹점 사업에 매진하고 있는 〈킹콩마더스김밥〉은 부산지역 체인본부가 설립돼 4개 가맹점을 오픈했다. 아울러 글로벌 패스트푸드 브랜드로서 동일한 생산 시스템과 인테리어 디자인의 고급화를 추구하는 등 해외시장 진출의 교두보를 마련해나가고 있다.

특히 최고급 식재료의 차별화를 선언한 〈바르미샤브샤브n칼국수〉, 〈팔부자대가보쌈〉 등의 외식브랜드를 운영하고 있는 글로벌다이닝그룹에서 론칭한 〈킹콩마더스김밥〉은 친환경 프리미엄 김밥전문점을 지향하는 곳답게 식재료에 가장 큰 심혈을 기울이고 있다.

이곳에서는 친환경 무농약 쌀, 무색소 단무지, 튀기지 않은 생면, 국내산 고랭지 배추김치, 직접 끓인 육수, 지리산 산청 뽕소금 사용 등 식재료와 관련해 크게 여섯 가지의 원칙을 고수하고 있다. 특히 해당 6개 품목은 본사가 직접 전국 물류배송시스템을 갖추고 엄선한 식재료를 일괄배송, 가맹점별 메뉴 퀄리티에 차이가 나지 않도록 철저히 관리하고 있다.

(4) 이색메뉴로 프리미엄 이미지 강화

메뉴는 크게 김밥류, 면류, 식사류, 기타 분식류로 나뉜다. 그 중에서도 메인이 되는 기밥은 총 10종으로 가장 많은 구성을 차지한다. 특히 마더스계란김밥, 떡갈비김밥, 마르게리따김밥, 리코타치즈김밥 등 객단가 4000원 이상의 프리미엄 이미지를 강화한 이색메뉴가 눈길을 끈다.

이들 프리미엄 메뉴들은 기존의 프랜차이즈 김밥전문점들이 김밥 속 재료를 차별화해 신메뉴를 선보였던 것에서 한 단계 더 발전해 속뿐 아니라 김밥 위에 달걀지단을 올리고 그 위에 토핑과 소스로 차별화를 시도한 것이 가장 큰 특징이다. 실제로 여성고객들에게 인기가 많은 리코타치즈김밥의 경우 김밥 위에 달걀지단을 올리고 치즈머스타드 소스와 발사믹 소스를 믹스해 뿌려 화려한 비주얼을 자랑한다. 동시에 접시 한 켠에 리코타치즈를 제공, 찍어먹는 김밥을 표방한 메뉴다. 리코타치즈김밥은 6800원이라는 높은 객단가에도 불구하고 고객들의 관심을 한 몸에 받고 있는 이색메뉴다.

김밥전문점이지만 창업 시 15평 이상의 모던 캐주얼 레스토랑 형태를 권장모델로 하는 만큼 완성도 높은 인테리어도 이곳의 주요 경쟁력이다. 특히 블랙앤화이트와 우드를 적절히 믹스해 마치 이탈리안 레스토랑 같은 이미지를 내는 데 성공했다. 또한 오픈키친으로 고객들에게 신뢰감을 더하고 있다. 실제로 홍대점의 경우 통유리를 통해 한 눈에 보이는 세련된 복층인테리어가 입소문이 나 빠른 시간 내 입지를 다질 수 있는 계기가 되기도 했다.

인테리어에 매우 공을 들였지만 예비창업자들이 부담을 느끼는 비용 부분은 걱정을 덜어도 된다. 본사에서 초기 자금 부담을 줄여주고자 인테리어 시공비를 6개월 분할납부하는 제도를 시행하고 있는 덕분이다. 〈킹콩마더스김밥〉은 시간과 정성으로 만든 건강한 슬로푸드를 지향하는 것이 가장 큰 경쟁력이다. 이 때문에 본사에서는 메뉴개발에 총력을 기울이고 있다. 특히 1년여의 테스트마켓을 운영을 거치면서 25종에 가까운 김밥레시피를 보유, 가맹점마다 상권의 특성에 맞춰 주력메뉴에 변화를 줄 계획이다. 각 매장에서 만든 신메뉴를 가지고 본사에서 대량생산이 가능하도록 스펙을 조절하고 2차에 걸친 테스트 과정을 거친다. 메뉴 개발도 시스템을 갖춰 이원화시킨 것이 이 브랜드의 자랑이다.

2013년 10월에 브랜드를 론칭한 〈킹콩마더스김밥〉의 주요메뉴는 킹콩오리지널 김밥, 마더스계란 김밥, 마르게리따 김밥, 리코타치즈 김밥이며, 인테리어 콘셉트는 모던 캐주얼 레스토랑을 표방한다.

입지전략으로 오피스 상권, 복합쇼핑몰 내 입점을 목표로 하고 있다. 창업비용은 49.5㎡(15평)기준 9300만 원이다.

〈킹콩마더스김밥〉의 경쟁력으로는 친환경 무농약 쌀, 무색소 단무지, 튀기지 않은 생면, 국내산 고랭지 배추김치 등 건강을 생각한 좋은 식재료 사용과 달걀지단, 소스로 차별화한 김밥에 풍성한 샐러드, 쫄면에 삶은 달걀 대신 스크램블과 매운 참치 제공, 라면하나에도 자체 비법 육수와 풍부한 해물 사용 등 비주얼부터 남다른 메뉴 개발 등을 꼽을 수 있다.

2) 일식베이스에 기반 둔 건강한 김밥 〈엄마맘김밥〉

(1) 엄마의 마음을 담은 착한 김밥

다년간 다양한 외식업을 섭렵하며 몸담아왔던 〈마린쿰〉의 대표는 아이를 둔 아빠와 엄마의 마음으로 프리미엄 분식을 론칭하게 된다.

외식업으로 오랜 기간 잔뼈가 굵은 그에게 프랜차이즈 사업에 대한 매력도 한 몫 톡톡히 했다. 장고 끝에 지난해 5월 대치동에 '엄마의 마음'을 줄인 이름 〈엄마맘김밥〉브랜드로 문을 열었다.

분식의 메카라고 불릴 수 있는 은마아파트 사거리 일대에 자리 잡은 프리미엄 분식점을 1년 동안 운영하면서 정확한 고객층과 상권을 검증하는 시간이 됐다. 이어 테스트 매장으로 지난 2013년 11월 압구정점 문을 열고 또 다른 오피스 상권에 대한 검증에 들어갔다.

〈엄마맘김밥〉은 품질과 맛에서는 그 어떤 브랜드 못지않은 신뢰도를 가진다. 채소는 모두 채를 썰어 사용하다 보니, 김밥을 만드는 과정이 다소 어렵지만, 먹었을 때 식감이 뛰어나다.

이렇듯 맛과 품질에서 인정받은 반면, 브랜딩에서 다소 취약점을 보여 리뉴얼 작업에 들어갔다. 오랫동안 일식과 시푸드 뷔페를 운영해 온 대표는 식재료에 대한 운영 노하우로 김밥메뉴의 속재료에 대한 장점을 부각시키고 있다.

(2) 저렴한 분식에, 가장 좋은 식재료 도전

〈엄마맘김밥〉은 채소를 볶지 않고 날 것 그대로 보리식초에 숙성시키는 등의 차별화 된 공정 과정을 거친다. 식품업계에서 미운오리새끼로 잊을만 하면 논란이 돼왔던 단무지, 어묵, 햄 등을 김밥 재료에서 아예 빼기도 했다. 대신, 일식집에서나 맛볼 수 있는 무를 채 썰어 김밥 속에 넣는다거나, 고급 무로만 든 피클을 비트로 색깔을 내어 제공한다.

〈엄마맘김밥〉은 현재 모든 채소가 국내산이며, 이천 쌀을 사용해 왔다. 향후에는 가맹점주의 수익성을 염두에 두고 경기미로 전환할 것을 모색하고 있다. 또 김밥의 맛이 김에서 크게 좌우됨에 따라 생 김이 아닌 구운 김을 사용하며, 당근, 우엉 등이 대부분 중국산인데 비해, 철저히 국내산을 사용한다. 하지만 가맹점의 경우 채소 가격의 등락폭이 심해 이에 대한 해결책을 모색중이다.

가격이 저렴한 분식 콘셉트에 가장 좋은 재료를 사용해보자는 생 각으로 분식업계에서는 시도하지 않았던 모든 채소의 국산화를 시도 했으며 맛에 있어서만큼은 그 어떤 프리미엄 분식점에도 뒤지지 않 을 것이다.

(3) 주부들이 먼저 알아주는 김밥집

이곳 대표는 압구정점을 운영하면서 〈엄마맘김밥〉의 입지에 대한 결론을 내렸다. 임대료가 높은 역세권보다는 대단지 아파트 상권을 타깃으로 삼을 계획이다.

프리미엄 분식이라는 콘셉트상 어린 학생들 보다는 30~40대 주부들이나 아이들을 데리고 온 젊은 주부들이 주요 고객층이다. 테이크아웃 고객도 50%이상을 차지한다.

점포는 15평 규모의 1억 5000~2억원대의 창업비용이 예상되는 가운데, 가맹점들의 안전창업을 도모하기 위해 매뉴얼을 집중적으로 점검 중이다.

〈엄마맘김밥〉은 다른 김밥전문점 보다 속 재료의 양이 2배 이상 들어가 김밥 한 줄의 양이 많다. 든든한 한 끼 식사로 충분하며, 보리식초에 모든 채소를 숙성시켜 자극적이지 않으면서도 소화가 잘 되는 것이 특징이다.

이곳 대표는 어느 여학생 고객이 '엄마가 만든 김밥 다음으로 맛있는 김밥'이라는 이야기에 감동을 받았다며 이런 이야기를 들을 때 자신이 외식업에 몸담아 온 것이 자랑스럽고 보람된다고 한다.

벌써부터 가맹점을 내달라는 대기자들이 줄을 섰지만, 현재 보류하고 있는 상태다. 브랜드 아이덴티티를 확고히 세워 경쟁력을 다지기 위해서다. 이는 가맹점주의 성공창업을 돕기 위한, 다소 늦지만 제대로 된 수순을 밟고자 하는 이곳 대표의 소신 때문이다.

3) 국물 떡볶이에 찍어먹는 꼬마김밥 〈김마로〉

(1) 기본에 충실하면서도 깊은 맛에 주력

㈜마세다린은 〈가마로강정〉 성공 이후 추가 성장이 동력이 될 만한 브랜드 개발 요구에 따라 그 연장선상에서 김밥브랜드 〈김마로〉를 론칭했다. 김밥을 주력으로 하는 프리미엄분식에서 좀 더 차별화를 둔 꼬마김밥과 국물 떡볶이를 무기삼아 시장을 겨냥하고 나선 것이다. 〈김마로〉 브랜드명은 김밥이 김을 말아 만든 것이라는 뜻이자, 〈가마로강정〉의 이름과 연속성을 고려해 만들었다.

꼬마김밥은 시장이나 노점에서 쉽게 사먹을 수 있는 주된 분식거리를 브랜딩해 좋은 식재료와 위생적인 시설에서 안전한 먹거리에 향수를 담고자 했다. 기본에 충실하면서 깊은 맛을 연출하고 떡볶이에 찍어먹는 꼬마김밥이라는 콘셉트로 분식 식문화를 제시하고 있다고 밝혔다.

또 분식은 먹기 편해야 한다는 것에 초점을 두고 국물떡볶이에 찍어먹는 콘셉트로 다양하고 조화로운 맛을 소비자에게 제공하고 있다. 식재료는 마세다린 사옥의 물류센터에서 일괄 배송되며 〈사바사바〉, 〈가마로강정〉, 〈김마로〉의 가맹점에 통합물류를 제공하고 있다.

(2) 오피스와 주거지역 타입의 콘셉트로 전개

〈김마로〉는 지난 2014년 2월 평촌에 1호점을 오픈, 이미 5호점까지 직.가맹점을 확보한 상태다. 점포 개설은 15평을 기준으로 하며, 총 5800만원의 창업비가 예상된다.

가맹점 개설시 마세다린 본사는 〈가마로강정〉의 운영시스템을 그대로 적용해 이론교육 2일, 본사직영매장에서 실전교육 18일을 준수하며 매장개설이 어려울 경우 추가적인 교육으로 충실한 초반 가맹점 교육에 심혈을 기울일 계획이다.

오픈 이후 각 가맹점에 담당 슈퍼바이저팀이 3일간 상주하면서 점주의 매장에 맞는 동선 및 인원배치, 레시피 준수, 운영매뉴얼 준수, 발주 등을 교육시키게 된다. 〈김마로〉는 2014년 직영점 개설 이후 10개 매장 1차 마케팅안, 30개 매장까지 2차 마케팅 플랜을 만들어 공격적인 마케팅을 해나가고 있다. 점포 전개는 향후 오피스 타입과 주거지역 타입으로 개별상권에 맞는 매장 인테리어, 운영, 메뉴 등을 차별화 시켜나간다. 또 기존 가맹점과 네이버카페를 통해 판촉물 지원, 물류, 가맹점관리, 고객클레임 등 모든 사항을 관리하고 있다.

(3) 해외마스터프랜차이즈 겨냥한 한류브랜드

최근 소비자들의 '좋은 먹거리'에 대한 니즈에 따라 안심하고 먹을 수 있는 좋은 식재료 콘셉트로 브랜드가 속속 출현하고 있지만, 꼭 좋은 재료와 과다한 재료가 김밥맛의 기준이 될 수는 없다. 오히려 과유불급이 될 수 있다. 프리미엄 분식이 일반 분식에 비해 가격대가 높게 형성돼 있지만, 그만큼 재료비나 인건비에 들어가는 부분이 발생해 많은 수익을 기대하기 어려울 것이라는 우려다. 결국, 효율적인 운영 시스템을 가진 브랜드의 인건비 절감을 통한 수익률 여부가 프리미엄 분식 프랜차이즈 성패의 관건이 될 것이다.

〈김마로〉는 현재 가맹점과 직영점 개설 현황을 볼 때 매우 긍정적으로 평가하고 있다. 단, 향후 과제로 남는 것은 히트 메뉴 개발에 따른 소비자의 반응과 인건비 절감을 통한 점주의 수익성 증가로 보고 있다.

4) 불티나게 팔리는 지하철 꼬마김밥 〈마리짱〉

'4.96㎡(1.5평)짜리 소형 분식점 평균 일매출이 200만원?' 눈을 의심하게 만드는 수치의 주인공은 바로 꼬마김밥 프랜차이즈 〈마리짱〉이다. 지난 2014년 4월, 지하철 2호선 역사에서 첫 선을 보인 〈마리짱〉 직영 1호점과 2호점이 대박을 쳤다. 단 두 개 매장이었지만 '감'이 있는 사업가들의 문의가 빗발쳤다.

㈜삼봉은 프랜차이즈 시스템을 갖춰 본격적으로 가맹점 모집에 나섰고 현재 총 24개 매장에서 평균 200만원이라는 높은 일매출을 기록하고 있다.

(1) 지하철 특수상권. 초소형 점포로 대박 행진

꼬마김밥 전문 브랜드 〈마리짱〉은 2014년 11월부터 프랜차이즈 사업을 시작했다. 테이크아웃 피자, 파스타 등을 유통하던 ㈜삼봉에서 '꼬마김밥'이라는 아이템으로 새롭게 외식 브랜드를 론칭한 것이다. 〈마리짱〉 가맹점의 평균 일매출은 200만원이다. 꼬마김밥 한 줄에 1000원이니 하루에 약 2000개가 팔리는 셈이다. 가장 매출이 높은 지점은 하루 판매량이 4500개에 이른다.

그야말로 '불티나게' 팔린다는 표현이 어울리는 상황이다. 이는 지하철 특수상권이라는 입지와 '꼬마김밥'이라는 간편식 아이템이 만나 폭발적인 시너지 효과를 낸 결과로 볼 수 있다. 〈마리짱〉 관계자는 '지하철 상권은 집중형 특수상권'이라며, 유동인구수가 같더라도 분산형 상권에 비해 짧은 시간동안 높은 매출을 낼 수 있다고 설명한다.

사업 노하우가 있는 점주는 이미 2~4개 매장을 동시에 운영하고 있다. '장사 좀 해본' 이들은 〈마리짱〉의 사업성을 감지하고 발 빼르게 움직였다. 가맹사업 초기에 계약한 점주 중 생계형 초보창업자보다 이미 기업을 운영 중인 사업 베테랑이 많았던 까닭이다.

(2) 아침식사 대용 간편식 시장에서 경쟁력 확보

〈마리짱〉은 지하철 상권을 중심으로 사업을 전개하고 있다. 매장 대부분이 1.5평~4평 정도의 소형 테이크아웃 전문점이다. 〈마리짱〉은 굵직하고 든든한 형태로 발전하고 있는 김밥 트렌드와는 정반대인 작고 간편한 '꼬마김밥'을 선택했다. 이 꼬마김밥은 기존 김밥의 절반 정도 사이즈로, 1인분 정량은 최소 2~3줄이다. 지난해 외식시장에서 붐을 일으켰던 프리미엄 김밥이 한 줄에 최소 2500원인 것을 감안하면 소비자 한 명이 지불하는 비용은 비슷한 편이다.

지하철 상권에서는 큼직한 형태의 프리미엄 김밥보다는 간편한 꼬마김밥 형태가 적합하다. 지하철과 버스정류장 등에서 판매하는 김밥과 토스트는 꾸준한 수요가 있다. 지하철 특수상권에서 꼬마김밥은 외식 개념이 아닌 간편식 개념으로 접근해야 한다.

즉, '프리미엄 김밥'이 아닌 지하철 상가 내 '호일김밥'과 경쟁해야 하는 아이템이라는 얘기다. 기존에 지하철 역사 내에서 판매하던 김밥은 은박지로 둘둘 감아 아이스박스 등에 담아 판매됐다. 반면 〈마리짱〉은 매장에서 갓 말아낸 김밥을 투명한 쇼케이스에 진열해 구매심리를 자극하고 있다. 출근길에 아침식사를 해결하는 기존 '호일김밥' 고객층을 흡수한 것은 물론이고 지하철 이용객에게 꼬마김밥을 시각적으로 각인시킴으로써 새로운 고객이 유입됐다.

맛과 품질을 프리미엄 수준으로 끌어올려 만족도를 높인 것도 한몫했다.

(3) 유행.계절 타지 않는 꼬마김밥, '맛'만 보장되면 OK

〈마리짱〉꼬마김밥은 크기가 작은 대신 속재료를 30여 가지로 다양하게 개발해 골라 먹는 재미를 느낄 수 있다. '메뉴가 많아서 번거롭지 않을까' 걱정할 필요는 없다. 본사가 운영하는 센트럴 키친에서 밥부터 깻잎, 단무지, 불고기, 오뎅 등 속 재료를 포장해 매일 배송하고 있기 때문이다. 〈마리짱〉은 프랜차이즈 사업을 준비하면서 식품제조 허가를 받고 자체적으로 생산을 시작했다. 김밥 재료는 조리가 완료된 상태로 밀봉돼 배송된다. 식재료 구입부터 조리, 포장, 배달까지 본사가 직접 한다. 농산물 도매시장에서 경매를 통해 채소를 구입하며, 자체적으로 개발한 양념으로 불고기를 볶고 수제돈가스를 튀겨 제공하는 과정은 오너셰프 식당 수준이다.

공산품 사용을 최소화하고 식재료를 엄선한 것은 브랜드 경쟁력과도 직결된다. 아침에 지은 밥으로 아침에 김밥을 말아내니 신선하다.

가장 큰 경쟁력은 맛이다. 매일 같은 동선으로 움직이는 지하철 이용객이라면 가장 신선하고 맛있는 집을 기억하고 찾아가기 때문이다.

단시간에 떠오른 브랜드인 만큼 '유행 아이템이라 수명이 짧지 않을까' 하는 우려의 목소리도 나왔다. 꼬마김밥은 새롭게 등장한 신메뉴가 아니다. 우리나라 사람들에게 오랫동안 사랑받아온 메뉴인만큼 생명력이 길 것으로 예상한다.

한 외식업 전문가는 쌀을 주원료로 하는 외식은 점차 간편화되는 추세라며, 밥을 중심으로 한 간편식은 소비 빈도가 잦으면서도 질리지 않는다고 분석했다. 또한 부산어묵, 고로케 등 서브메뉴를 지속적으로 개발하고 있으며, 계절에 따라 아이템을 달리 할 수 있어 장기 운영에 유리하다.

〈마리짱〉 창업비용은 임대료와 인테리어 비용을 제외하고 기본 1980만원이다. 초소형 점포인 만큼 소자본 창업을 준비하는 예비창업자의 관심이 쏠리고 있다. 앞으로 가맹점 100곳을 목표로 하고 있으며 지방으로 식재료 배송이 가능하게끔 유통 시스템을 마련 중이다. 앞으로 거점 물류센터가 준비되면 지방에서도 〈마리짱〉을 만날 수 있을 것이다.

2014년 11월 3일 브랜드를 론칭한 〈마리짱〉은 꼬마김밥 전문점이라는 콘셉트로, 30여가지의 다양한 꼬마김밥을 골라먹을 수 있다. 또한 지하철 특수상권에서 간편식으로, 김밥 재료는 포장 배송돼 조리 과정도 간단하며 상호 보완적 메뉴 개발로 안정적 수익을 보장한다는 것을 특징으로 꼽을 수 있다. 이곳의 창업비용은 1980만원(임대료, 인테리어 비용-제외)정도이며 전화는 1577-4641이다.

5) 식재료 타협하지 않는 철학 〈바르다 김선생〉

성공한 기업들의 공통점은 무엇일까? 훌륭한 목적을 가지고 명분(사회적 가치)과 실리(이익)를 동시에 추구했다는 점이다. 실리만 추구하다가는 단명할 수 있다. '가짜 백수오', '가짜 참기름', '가짜 석유' 등의 파동이 모두 그러한 경우다. 〈바르다 김선생〉은 오픈키친을 활용해 김밥 만드는 모습을 소비자에게 보여줌으로써 재미와 신뢰의 요소를 더했다.

(1) 경영 철학의 중요성

최근 독일의 폭스바겐그룹이 디젤차 배출가스 장치를 의도적으로 조작한 사건의 여파가 전 세계적으로 커지고 있다.

폭스바겐을 필두로 한 독일 자동차 기업들은 기술력을 내세우며,

배기가스를 줄인 '클린 디젤'을 선보였고, 폭스바겐그룹은 2015년 상반기에 일본 도요타를 제치고 글로벌 판매량 1위에 올랐다. 그러나 1등의 기쁨도 잠시, 곧이어 폭스바겐의 사기극이 만천하에 드러났다. 이 사태로 폭스바겐그룹의 재정적 손해는 벌금 180억달러를 포함해 최대 340억달러(한화 38조 5000억원가량)로 추산된다. 차주와 투자자들이 집단소송을 내는 등 창립 79년 만에 최악의 위기를 맞았다.

이런 의미에서 이번 칼럼에서는 창업자, 경영자의 철학이 얼마나 중요한지 역설하려고 한다. 비단 기업만의 문제가 아니라 음식점 경영에 있어서도 동일하게 적용된다.

김밥 하나를 만들더라도 철학이 필요하다. 프리미엄 김밥전문점 〈바르다 김선생〉은 신선한 재료 본연의 맛을 음미할 수 있는 맛있는 김밥이기도 하지만 무엇보다도 김밥 안에 들어가는 '바른 식재료'에 대한 믿음이 있다. 〈바르다 김선생〉은 합성보존제나 빙초산 등 첨가물을 사용하지 않는 백단무지, 좋은 참기름, 무항생제 달걀, 남해 청정지역의 김, 국내산 간척지 쌀, 저염 햄 등을 사용하고 있다.

(2) 〈바르다 김선생〉, 식재료 타협하지 않는 철학

〈바르다 김선생〉은 '외식기업은 신뢰가 전부'라는 철학으로, 절대로 재료만은 타협하지 않겠다고 강조한다. 창업 1년 8개월 만에 100호점을 돌파했다. 또한 김밥프랜차이즈 최초로 신세계백화점 본점 식품관에 입점해 하루 평균 방문객수 평일 1000명, 주말 1300여 명에 이르며 지속 성장하고 있다.

성공요인은 탁월한 포지셔닝(체계적인 분석을 통한 최상의 입지 선정)과 케이퍼빌리티(맛있는 김밥, 철저한 가맹점 관리, 표준화된 교육 시스템, 전문점 매장 운영 시스템의 도입 등)덕분이다.

그러나 가장 큰 성공요인은 바로 '까다로운 식재료 선택'이다. 의식 수준이 높은 소비자에게 그 철학이 제대로 어필된 것이다.

이밖에도 성공요인은 다양하다. 오픈 키친을 활용해 직접 김밥 만드는 장면을 볼 수 있어 재미의 요소가 있고, 신선한 식재료들이 눈에 보임으로써 신뢰의 요소도 있다.

(3) '훌륭한 목적' 지닌 철학, 지속 경영 가능케 해

세계적인 제약회사이자 348년 장수기업 머크(Merck)의 전 CEO 로이 바젤로스(Roy Vagelos)는 머크가 가진 목적과 변함없는 역할에 대해 다음과 같이 강조했다.

"우리가 2091년에 와 있다고 상상해보자. 우리 회사의 경영 전략이나 전술의 많은 부분들이 상상할 수 없을 정도로 많이 바뀌어 있을 것이다. 그러나 회사 안에 어떠한 변화가 있다고 하더라도 한 가지는 변치 않고 남아 있으리라고 믿는다.

가장 중요한 것은 머크의 정신이며 1세기가 지난 후에도 우리는 공동체 의식을 느낄 수 있으리라 믿는다. 내가 이렇게 생각하는 이유는 무엇보다 '질병과 싸우고, 고통으로부터 사람들을 해방시키고 돕는다' 는 무언가 위대한 일을 하는데 머크가 기여하고 있다는 사실 때문이다. 그것은 영원한 목적이고, 또 다가올 100년 동안에도 머크의 사원들로 하여금 위대한 업적을 남기도록 동기를 부여할 것이다."

훌륭한 목적은 단지 이윤 추구를 넘어선 기업의 존재 이유이기도 하다. 또한 장기적인 성과 창출의 원동력으로 작용해 지속 경영의 가능성을 높일 것이다.

부록

창업 및 업종 전환, 신규사업 가이드

〈표 1〉 외식산업의 구성요소

외식산업의 구성요소				
가격	식음료	인적서비스	물적서비스	편리성

〈표 2〉 외식기업 경영형태의 장·단점

구분 \ 방법	초기투자	경험도	사업운영 책임도	실패율	재정 위험도	보상
직영	높다	높다	높다	높다	높다	높다
가맹	보통 이하	최저	보통	보통	보통	보통 이상
인수	보통	높다	높다	높다	높다	높다
위탁	없음	보통 이상	보통	보통	보통	보통 이하

〈표 3〉 업종별 분류

외식산업	음식중심	일반음식점	일반음식점	한식점
				일식점
				양식점
				중식점
				기타
			특수음식점	열차식당
				항공기내식당 기내사업
				선박 내 식당
			숙박시설 내 음식점	호텔 내 식당
				리조트,콘도,여관 내 식당(1970년 이전)
		단체음식	학교	초,중,고,대학
			기업	구내식당
			군대방위시설	군대
				전투경찰
				경찰
				교도소
			병원	구내식당
			사회복지시설	연수원
				양로원
				고아원
	음료중심		찻집,술집	커피전문점
				호프집
				술집(대중유흥업소)
			요정,바	요정
				바
				카바레
				나이트클럽, club

〈표 4〉 한식의 유형별 종류

품목	세부종목	품목	세부종목
해물류	조개찜 조개구이 게찜 바닷가재찜 낙지볶음 굴회 오징어볶음	전류	파전 빈대떡 모듬전 오코노미야키
생선류	갈치구이 코다리찜 광어회 장어구이 장어직화 장어양념구이	국물류	된장찌개 부대찌개 청국장 순두부 북어국
육류-쇠고기	쇠고기등심 쇠고기갈비 쇠고기 불고기 쇠고기 샤브샤브	디저트류-빵	샌드위치 초콜릿 케이크 와플 바게트
육류-돼지고기	돼지고기 삼겹살 돼지갈비 돼지등갈비	디저트류-음료	생과일주스 아이스크림 빙수 생과일 요거트 스무디
육류-닭고기	닭튀김 삼계탕 닭강정 닭갈비	디저트류-커피	커피 북카페 애견카페 키즈카페
육류-족발	족발 냉족발 오븐구이족발 쌈족발	출장음식	도시락 제사음식 홈파티
면류	자장면 짬뽕 냉면 잔치국수 메밀	주류	소주 맥주 생맥주 와인 막걸리
탕류	갈비탕 샤브샤브 설렁탕 삼계탕 매운탕	분식류	순대류 튀김 떡볶이 우동 김밥
한식	비빔밥 패쌈밥 영양밥 김밥 죽	뷔페류	패밀리뷔페 해산물뷔페 고기뷔페 샐러드뷔페 디저트뷔페 채식뷔페

〈표 5〉 외식업계 업종별 트렌드 핵심 (키워드)

창업할 수 있는 외식 종목들 간 콜라보레이션(모둠+조합) 메뉴

업종	키워드	상세 키워드
한식	건강한 삶과 간편식 시장확대	4S(safety, show, self, single), 건강, 간편식, 유기농, No MSG, 오픈키친, HMR
패밀리 레스토랑	감성을 추구하는 융복합화	콜라보레이션, 감성, 시장 다각화, 초니치 마켓
치킨	카페형 매장과 스포츠 마케팅	가치소비, 힐링, 프리미엄, 싱글족, 치맥 스포츠 마케팅, 간편식, 안전, 차별화, SNS
주점	복고와 엔도르핀 디쉬	복고, 감성, 소형화, 차별화, SNS 콜라보레이션, 인테리어, 합리적 가격
커피	고급 원두와 부티크 매장	웰빙, 건강한 재료, 소형화, 전문화, 차별화, 콜라보레이션, 고급화, 부티크, 복고, 인테리어, 사회공헌, 해외진출
피자	웰빙과 프리미엄의 합리적 소비	웰빙, 고급화, 합리적 가격, 안전 · 안심, 스포츠마케팅, 복고 · 향수, 엔도르핀 디쉬, 콜라보레이션, 소형화, 건강한 재료, 싱글족
이탈리안 레스토랑	착한 소비와 건강한 식생활	착한 소비, 오가닉, 건강, 와인
분식	합리적인 가격과 콜라보레이션	콜라보레이션, 소형화, 프리미엄, 합리적 가격, 소량화, 간편식, 싱글족
패스트푸드	안전하고 합리적인 가격	합리적 가격, 간편식, 싱글족, 안심 · 안전
디저트	매스티지족의 진정성	콜라보레이션, 건강한 재료, 진정성, 유기농, 프리미엄, 인테리어, 독창성

〈표 6〉 소비자 유형별 기호와 변화

소비자 진화 양상 단계 ▼	새로운 소비자 집단 ▼
마담슈머(Madame + Consumer) 구매 결정권을 가진 주부들의 시각에서 제품 평가	**바이슈머(Buy + Consumer)** 해외에서 판매되는 물품을 직접 구입하는 소비자 (직구족)
⇩ **트라이슈머(Try + Consumer)** 기존 정보에 의존하지 않고 제품을 직접 써본 뒤 평가	**모디슈머(Modify + Consumer)** 제조업체에서 제시하는 방식이 아닌 자신만의 방법으로 재창조 해내는 소비자
⇩ **크리슈머(Creative + Consumer)** 신제품 개발이나 디자인, 서비스 등의 문제에 적극 개입해 의견을 제시	**스토리슈머(Story + Consumer)** 기업에 제품과 관련된 자신의 이야기를 적극적으로 알리는 소비자
⇩ **프로슈머(Producer + Consumer)** 제품의 생산단계에 직접 관여하거나 소비자가 생산까지 담당	**쇼루밍족(Showrooming)** 오프라인 매장에서 제품을 보고 온라인을 통해 저렴하게 구매하는 소비자(실속 중시) VS **역쇼루밍족(Reverse Showrooming)** 온라인에서 검색을 통해 제품을 결정한 뒤 오프라인에서 구매하는 소비자
⇩ **가이드슈머(Guide + Consumer)** 기업의 생산현장을 검증하고 잘못된 점은 지적, 잘한 점은 홍보	

〈표 7〉 외식 브랜드의 구성 요소	
브랜드 아이덴티티	브랜드 네임, 브랜드 로고, 브랜드 컬러, 브랜드 캐릭터, 브랜드 슬로건
메뉴	메뉴 구성, 원재료 선택, 조리 방식, 메뉴명, 프리젠테이션, 식기 선택, 메뉴 제공 방식
서비스	서비스 정도, 서비스 방식, 서비스 특성
분위기	SI(Store Identity), 음악(music), 조명(lighting), 유니폼(uniform), 사인(signage)
입지	지역, 입점 형태(free standing/building-in)
가격	가격, 좌석회전율, 식재료비, 인력 및 인건비, 임대료 수준, 할인정책

〈표 8〉 브랜드 아이덴티티의 도출

기능적 속성	맛의 동질성, 볼의 차별성, 메뉴의 다양성, 양의 풍부함, 시간 절약, 이벤트의 독창성, 접근 편의성, 인테리어의 간결성, 가격대비 맛과 양, 가격의 합리성		
이성적 혜택	통일성, 신속성, 다양성, 합리성, 편리성, 독창성, 전문성		
감성적 혜택	신선함, 생동감, 젊음	친근함, 즐거움, 정겨움	편안함, 재미있음
성격	▼ 독특함	▼ 공유성	▼ 편안함
브랜드 아이덴티티	⇩ 스파게티로 특화된 캐주얼 레스토랑		

〈표 9〉 브랜드 콘셉트 키워드의 개발

키워드	내용
다양성	메뉴와 이벤트의 다양성
통일성	각 매장 간 메뉴의 맛, 인테리어의 동질성
합리성	가격대비 맛과 양, 서비스의 만족감
신속성	시간 절약
전문성	네이밍에서의 전문성, 메뉴의 전문성
편리성	접근과 이용, 서비스의 편리성
신선함	음식의 신선함, 신선한 식자재, 이벤트와 제공 방식(홀서비스)의 새로움
생동감	동적이고 활발한 분위기, 생동감 있는 인테리어
젊음	매장 분위기, 주된 색상, 방문하는 고객과 직원의 젊음
친근함	고급스럽지 않고 대중적이며 부담스럽지 않은 친근함
즐거움	밝고 화사한 인테리어와 가격대비 맛과 양이 좋은 것에서 오는 즐거움
정겨움	오픈된 주방이나 인테리어, 함께 나눠먹는 정겨움
편안함	인테리어의 편안함, 위치의 편안함, 서비스나 가격 등의 심리적 편안함
재미	이벤트의 재미, 메뉴를 고르는 재미, 홀서비스의 재미
독특함	홀서비스의 독특함, 패밀리레스토랑과는 다른 분위기와 서비스
공유성	음식을 나눔으로서 얻게 되는 정서의 공유

〈표 10〉 콘셉트 도출 사례

고객 이미지	개성을 추구하는 여대생 (20대 여성)	해외여행 경험이 있는 젊은 세대	신세대 직장인	자유 직업가와 보보스족	아침 일찍 출근하는 직장인
고객 이익	자신만의 공간, 자유롭게 대화	해외에서 경험한 커피 맛	친구와 여유로운 대화, 독특하고 맛있는 장소	다양한 커피 선택, 노트북 PC이용	간단한 빵과 커피
입지 이미지	이대 앞, 대학로, 프레스센터, 명동역, 강남역, 삼성역, 코엑스, 역삼역, 광화문				
고객 서비스	창가 쪽 1인 좌석, 자유공간, 바리스타, 테이크아웃 서비스, 고객 맞춤 커피, 무선 랜 서비스, 포인트제도, 페이스트리				
고객 시나리오	창가에서 음악을 들으며 혼자 책을 본다, 커피향이 나는 포근한 소파에서 친구와 부담 없이 대화한다. 여자 친구와 극장에 가기 전에 만나서 영화 이야기를 하며 즐긴다, 직장 동료와 점심 식사 후 커피를 테이크아웃하여 마신다. 여기저기 뛰어다니다 자투리 시간에 무선 랜을 이용하여 업무를 한다, 일찍 출근하여 회사 근처에서 여유로운 아침을 시작한다.				
목표 콘셉트	세계 최고의 커피를 주문하여 직접 에스프레소 방식으로 즐길 수 있는 커피숍, 혼자 있을 때는 편안하게, 친구와 같이 있을 때는 즐겁게 대화할 수 있는 커피숍, 고객의 오감을 만족시켜주는 문화가 있는 커피숍				

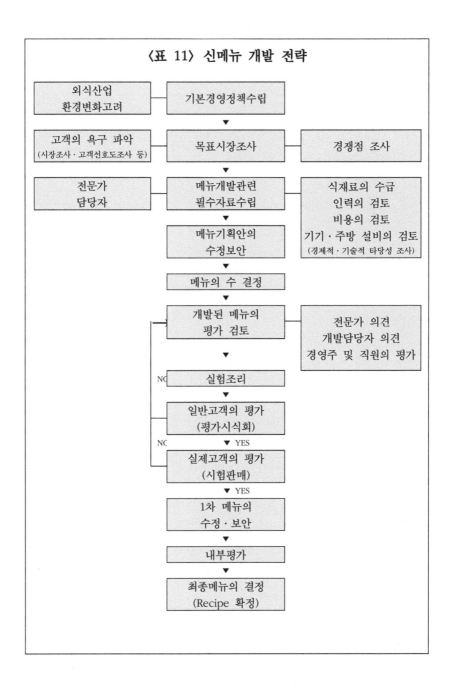

〈표 11〉 신메뉴 개발 전략

외식산업 환경변화고려 ─ 기본경영정책수립

고객의 욕구 파악 (시장조사·고객선호도조사 등) ─ 목표시장조사 ─ 경쟁점 조사

전문가 담당자 ─ 메뉴개발관련 필수자료수립

식재료의 수급
인력의 검토
비용의 검토
기기·주방 설비의 검토
(경제적·기술적 타당성 조사)

메뉴기획안의 수정보안

메뉴의 수 결정

개발된 메뉴의 평가 검토 ─ 전문가 의견 개발담당자 의견 경영주 및 직원의 평가

NO 실험조리

일반고객의 평가 (평가시식회)

NO ▼ YES

실제고객의 평가 (시험판매)

▼ YES

1차 메뉴의 수정·보안

내부평가

최종메뉴의 결정 (Recipe 확정)

〈표 12〉 메뉴의 적합성 평가

주요항목 및 평가요소	세부검토사항	
소비기호 (연령별, 직업별)	• 타깃연령대가 좋아하는 음식인가? • 음식이 깔끔하고 정갈한가? • 타깃연령대의 수준에 적합한가? • 계절 메뉴나 계절 식재료를 사용할 수 있는가? • 건강식, 다이어트식, 기능식인가? • 맛 유지와 양은 적절한가? • 메뉴가격대는 어떤가? • 어린이용 메뉴구비와 디저트는 준비되어 있는가? • 가족고객이 좋아하는가? • 단순식사로 적합한가? • 메뉴북은 깨끗하고 설명이 충분한가? • 행사메뉴(모임, 회식, 기타)로 적합한 메뉴인가?	
점포, 입지, 시장	• 주변 시장의 가격대는? • 접근성(편리성)은? • 시장성(시장수요)은? • 적합한 건물인가? • 경쟁상태는? • 성장 가능한 입지인가? • 유동인구는 얼마나 되는가? • 주차시설은 되어 있는가?	• 혐오시설은 없는가? • 홍보성(가시성)은? • 적합한 입지인가? • 점포규모는? • 상권내의 외식 성향은? • 집객 시설이 있는가? • 유동차량은 얼마나 되는가?
경영효율 (경영관리 계수관리)	• 매출이익은? • 객단가는? • 메뉴관리는 용이한가? • 점포관리는? • 구매의 난이도는?	• 회전율은? • 원가(재료비,인건비,제경비)는? • 서비스의난이도는? • 경영주의 메뉴 이해도는? • 직원 채용은?
식사형태	• 조식 • 중식 • 간식 • 석식 • 미드나이트	
판매방식	• 내점(Eat in) • 배달 • 포장판매 • 복합판매 가능성은?	

〈표 13〉 외식 브랜드 주기별 커뮤니케이션 전략

도입기 (사업홍보)	• 모델샵의 영업 활성화에 총력 • 언론에 기사화 • 브랜드 인지도 제고를 통해 계약 유도 • 체험마케팅을 통한 점포 이용유도 • 예비창업자 홍보
성장기 (성공모델의 정착)	• 기획 사업설명회 개최(명강사 초청 등) • 도입기보다는 광고 홍보 효력감소 • 성공사례 만들기 • 성공사례를 바탕으로 한 현장 확인계약 실적 기대 • 경쟁업체 진입 시 탄력적으로 시장 전략 전개
성숙기 (브랜드지명도 확대)	• 성공사례를 중심으로 한 계약 실적 증가 • 브랜드 정체성 관리 강화(표준화, 전문화, 단순화) • 유지광고/홍보시행 • 브랜드 이미지 관리 • 메뉴개발 및 보완
쇠퇴기 (현상유지/ 신규사업)	• 계약실적 쇠퇴 • 브랜드파워 유지 • 고객욕구 분석을 기초로 한 사업 컨셉 조정 • 재정비 및 제2브랜드 런칭 • R&D 성장전략

⟨표 14⟩ 라이프 사이클에 따른 단계별 관리전략

구분	도입기	성장기	성숙기	쇠퇴기
소비자	소비 준비	소비 시작	소비 절정	소비 위축
경쟁업소	미약	증대	극대	감소
창업시기	창업 준비	창업 시작	차별화	업종변경
매출	조금씩 증가	최고로 성장	평행선	하락
제품 (메뉴)	지명도 낮다	지명도 급상승 및 모방 시작	지명도 최고 제품의 다양화	신 메뉴로 대체시기
유통 (판매)	저항이 높고 점두판매위주	저항 약화되고 주문이 쇄도	주문감소 가격파괴현상	가격파괴절정 생존경쟁으로 재정비
촉진	광고 및 PR 활동성행	상표를 강조하고 경쟁적	캠페인활동 성행 및 제품의 차별성 강조	수요는 판촉에 비해 효과가 미흡
가격	높은 수준	가격인하 정책실시	가격최저로 가격에 민감	재정비에 따른 가격 인상정책
커뮤니 케이션	체험마케팅을 통한 이용유도	성공사례를 바탕으로 현장실적기대	유지강화 브랜드 정체성 관리강화, 성공사례를 중심으로 계약실적증가	계약실적 쇠퇴, 신규사업진출 모색, 고객욕구분석으로 사업 컨셉 조정
진행기간	1년차	2년차	3년차	4년차

〈표 15〉 외식산업의 소득 수준별 발전

구분	GNP($)	성장과정	주요업체등장
1960년대	100 ~200	식생활의 궁핍 및 침체기(6 · 25전쟁 후), 밀가루 위주의 식생활 유입(미국 원조품), 분식의 확산 및 식생활 개선 문제 부상	뉴욕제과(67), 개업업소 및 노상 잡상인 대량 출현
1970년대	248 ~ 1,644	영세성 요식업의 우후죽순 출현, 경제 개발 계획에 따른 식생활 향상, 해외브 랜드 도입 및 프랜차이즈 태동, 국내프 랜차이즈 시작 : 난다랑(79.7), 서구식 외식업 시작 : 롯데리아(79.10)	가나안제과(76) 난다랑(79) 롯데리아(79)
1980년대 초반	1,592 ~ 2,158	외식 산업의 태동기(요식업→외식산 업), 영세 난립형 체인점 출현(햄버거, 국수, 치킨 등), 해외 유명브랜드 진출 가속화	아메리카(80) 윈첼(82) 짱구짱구(82) 웬디스(84) KFC(84) 장터국수(84) 신라명과(84) 등
1980년대 후반	2,194 ~ 4,127	외식산업의 적응 성장기(중소기업, 영 세업체난립), 식생활의 외식화 · 레저 화 · 가공식품화 추세, 패스트푸드 및 프랜차이즈 중심 시장 선도, 패밀리 레 스토랑 · 커피숍 · 호프점 · 베이커리 · 양 념치킨 등 약진	맥도날드(86) 피자인(88) 코코스(88) 도투루(89) 나이스데이(89) 만리장성(86)
1990년대 초반	5,569 ~ 10,000	외국산업의 전환기(95년 산업으로서 정착), 중 · 대기업의 신규진출 러시 및 유명브랜드 도입, 프랜차이즈 급성장 및 도태, 시스템 출현(외식근대화)	나이스데이 씨즐러 스카이락 TGIF 등 아웃백, 빕스, 베 니건스, 애슐리, 마르쉐 등

구분	GNP($)	성장과정	주요업체등장
1990년대 후반	6,500 ~ 9,800	IMF로 경기침체, 전체적인 침체, 불황 중 실직자들의 생계수단과 고용 창출 효과, 침체기에도 꾸준한 성장을 이룸, 다양한 형태의 소비패턴에 따른 점포의 변화	서울 경기지역 외식기업 포화 상태로 지방음식의 체인화와 수도권 중심의 패밀리 레스토랑의 지방 진출과 발전
2000년대 초반	10,000- 15,000	웰빙 문화로 인한 패스트푸드의 변화, 광우병파동으로 일부 산업 심각한 타격, 조류독감으로 치킨업계 일시적인 위기, 꾸준한 발전으로 전체 국민 노동력의 50%이상 고용 창출한 거대산업으로 발전	프랜차이즈 포화, 국내 브랜드 등장
2000년대 후반	15,000- 21,500	국내브랜드 프랜차이즈 대거 등장 및 대기업·식품업계의 외식산업 진출, 대기업 3세들의 외식산업진출(신세계:스타벅스로부터시작-투썸플레이스 등)	(할리스, 카페베네 등)
2010년대 초반	21,500 ~ 25,000	경기침체와 세월호 사건으로 인한 외식위주의 식단이 집으로 이동, 정부규제에 의한 외식분야와 식품분야의 위축	대기업 진출에 대한 정부규제, 상생과 공생의 기업 논리
2010년대 후반	25,000 ~ 30,000	대기업 외식산업이 상생과 공생을 내세운 중소기업 외식 정책으로 변화, 대기업의 외식산업 진출 금지, 외식문화의 침체기와 과다 경쟁	CS를 통한 기업 이익과 고객만족 공존

〈표 16〉 한국의 외식산업 발전과정

연대	발전내용	주요업체
1960년대 이전	• 전통 음식점 중심의 음식업 태동기 • 식생활 및 식습관의 가내 주도형 • 식량지원 부족(생존단계)	• 이문설렁탕(1907) • 용금옥(1930) • 한일관(1934) • 조선옥(1937) • 안동장(1940) • 고려당(1945) • 남포면옥(1948)
1960년대	• 6·25전쟁 후 식생활 궁핍 및 음식업 침체기 • 혼분식 확산(미국원조 밀가루 위주의 식생활)	• 삼양라면 최초 시판(1963) • 비어홀(1964) • 코카콜라(1966) • 뉴욕제과 신세계 본점 프랜차이즈 1호점(1968)
1970년대	• 해외브랜드 도입기 • 프랜차이즈 태동기 • 대중음식점 출현	• 난다랑(1979) 국내 프랜차이즈 1호 • 롯데리아(1979) 서구식 외식시스템 시발점
1980년대	• 외식산업 전환기 • 해외브랜드 진출 가속화 • 국내 자생브랜드 난립 • 부산 아시안 게임(1986) • 서울 올림픽(1988)	• 아메리카나(1980) • 서울 프라자 호텔이 여의도 전경련 빌딩, 프라자(한식당), 도원(중식당), 연회장 운영(1980) • 윈첼도우넛, 버거킹(1982) • 서울 프라자호텔 열차식당 운영(1983) • 웬디스, 피자헛, KFC(1984) • 맥도널드(1986) • 피자인, 코코스, 크라운베이커리, 나이스데이, 놀부보쌈(1988)

연대	발전내용	주요업체
1990년대	• 외식산업 성장기 • 대기업 외식산업 진출 • 패밀리레스토랑 진출 • 전문점 태동	• TGIF 판다로시(1992) • 시즐러(1993) • 데니스, 스카이락, 케니로저스 (1994) • 토니로마스, 베니건스, 블루노트, BBQ(1995) • 마르쉐(1996) • 칠리스, 우노, 아웃백스테이크하우스(1997)
2000년대	• 외식산업의 전성기 • 식품업계의 외식산업 진출 • 대기업의 외식산업 점령 • 골목상권 장악 • 자금력에 의한 규모화	• 커피(음료)전문점의 강세, 포화 • 해외진출사례 (할리스 토종브랜드)
2010년	정부의 규제와 경기침체로 인한 외식산업 침체기, 외식업의 다양화를 통한 커피전문점의 활성화를 꾀하고 있으나 국내포화로 인한 도산위기, 해외진출의 판로가 절실	• 첫손님가게(2013년2월) -기부문화의 정착 • 공생과 상생의 기로 • 대기업의 골목상권진출 금지 등
2020년	• 프랜차이즈를 중심으로 한 한류 K-Food 확산 • 해외 진출 본격화 • 맛, 웰빙, 디테일이 주도 • 성장 정체	• 놀부 NBG • 치킨 브랜드 • CJ 푸드빌 해외 100호점(2012) • 파리바게트(2015년 해외 200호점 개설)

〈표 17〉 국내 프랜차이즈 산업의 변천사

시대별	구분	주요 브랜드 및 이슈
1970년대	**태동기** • 프랜차이즈 산업모델 국내 첫선 • 기업형 프랜차이즈 탄생	• 1977년 림스치킨 • 1979년 7월 국내 프랜차이즈 1호점 난 다랑(동숭동) • 1979년 10월 롯데리아 소공동
1980년대	**도입 및 성장기** • 패스트푸드 도입에 따라 대기업 외식업진출 • 해외 패스트푸드 프랜차이즈 국내 진출 • 한식 프랜차이즈시작 (놀부보쌈/송가네왕족발/ 감미옥 등) • 88서울 올림픽 개최	• 1982년 페리카나 • 1983년 장터국수 • 1984년 KFC/버거킹/웬디스 • 1985년 피자헛/피자인/베스킨라빈스 • 1986년 파리바게트 • 1987년 투다리 • 1988년 코코스 • 1989년 도미노피자/놀부/멕시카나
1990년대	**성숙기** • 국내 프랜차이즈 기반 구축 • 국내 최초 패밀리 레스토랑 개념 도입 • 1988년 외환위기 • 1989년 (사)한국 프랜차이즈산업협회 설립	• 1990년 미스터피자 • 1991년 원할머니보쌈/교촌치킨 • 1992년 맥도날드/TGIF 사업개시 • 1993년 한솔도시락/미다래/파파이스 • 1994년 데니스/던킨도너츠 • 1995년 베니건스/토니로마스/씨즐러/ BBQ • 1996년 김가네/마르쉐/쇼부 • 1997년 빕스/아웃백스테이크/칠리스/ 우노 • 1998년 쪼끼쪼끼/스타벅스/코바코 • 1999년 BBQ 국내 최초 가맹점 1000호점 달성 • 1999년 (사)한국프랜차이즈협회 설립인가

시대별	구분	주요 브랜드 및 이슈
2000년대	**해외진출 초창기** **일부 업종 포화기** • 국내 외식브랜드 중국, 일본 등 해외진출 가속화 2002년 한일 월드컵 개최 • 치킨프랜차이즈 붐업	• 2000년 미소야, 투다리 중국 청도 진출 • 2001년 퀴즈노스/매드포갈릭/사보텐/ 파스쿠찌 • 2002년 파파존스/본죽, 분쟁조정협의회 설치 • 2003년 프레쉬니스버그/명인만두/ 피쉬앤그릴/BBQ 중국 진출 • 2004년 크리스피크림도넛 • 2005년 뚜레쥬르 중국 진출 • 2006년 토다이, 놀부 일본 진출 • 2007년 BBQ 싱가포르 진출
2010년대	**저성장기** **해외진출 가속화** • 식재료 수급 불안정 • 해외진출 가속화 • 외식업관련 법과 제도 정비 • 중소기업 적합업종 선정 • 대기업 빵집 사업 철수 • 공정위 모범거래기준안 발표 • 가맹사업법 추진 • 음식점 금연구역 전면시행(2015) • 디저트 업종 활성화 • 일본, 유럽 등 해외디저트브랜드 도입 활발 • 소프트아이스크림, 팥빙수, 츄러스 등 브랜드 활성화	• 2010년 채선당 인도네시아 진출 • 2012년 파리바게뜨 중국 100호점, CJ푸드빌 해외 100호점 • 2011년 놀부 NBG, 美 모건스탠리PE에 지분 매각, 제스터스, 잠바주스, 망고식스 • 2012년 베코와플, 투뿔등심, 와플트리, 모스버거 • 2013년 바르다김선생, 고봉민김밥, 설빙, 깐부치킨, 이옥녀팥집, 족발중심, 미스터시래기, 고디바, 소프트리 • 2014년 자연별곡, 올반, 계절밥상 등 한식뷔페 • 2015년 11월 미스터 피자 중국 100호점 출점 • 2015년 12월 파리바게트 해외 200호점

〈표 18〉 시대별 외식브랜드(메뉴)콘셉트의 변화추이

메뉴	시대	외식 브랜드
햄버거	1980~1985	롯데리아, 아메리카나, 빅웨이
면류	1986~1988	장터국수, 다림방, 다전국수, 민속마당, 국시리아, 참새방앗간
양념치킨	1988~1990	페리카나, 처갓집, 림스치킨
보쌈	1990~1992	놀부보쌈, 촌집보쌈, 할매보쌈
우동		언가, 천수, 나오미, 기소야
신개념퓨전 레스토랑		(피자, 햄버거, 아이스크림, 통닭 등 모두 판매) 굿후렌드, 코넬리아, 아톰플라자, 해피타임
쇠고기뷔페	1992~1993	엉클리 외
커피		쟈뎅, 미스터커피, 왈츠, 브레머
피자	1993~1994	시카고피자, 피자헛, 도미노피자
피자뷔페	1994~1996	베네벤토, 아마또, 오케이, 베니토, 카이노스
탕수육		탕수 탕수 외
김밥		종로김밥, 김가네김밥, 압구정김밥
조개구이	1996~1997	조개굽는 마을, 미스조개 열받네, 바다이야기, 조개부인 바람났네
칼국수		봉창이해물칼국수, 유가네칼국수, 우리밀칼국수
북한음식		모란각, 통일의 집, 고향랭면, 발용각, 진달래각
요리주점	1997~1999	투다리, 칸, 천하일품, 대길, 기린비어페스타

메뉴	시대	외식 브랜드
찜닭	1999~2001	봉추찜닭, 고수찜닭, 계백찜닭
참치		참치명가, 동신참치, 동원참치
에스프레소 커피		할리스, 커피빈, 프라우스타, 이디야
돈가스		라꾸라꾸, 하루야, 패밀리언
생맥주		쪼끼쪼끼, 해피리아, 블랙쪼끼, 비어캐빈
아이스크림	2001~2003	레드망고, 아이스베리
회전초밥		스시히로바, 사까나야, 기요스시
하우스맥주		오키스브로이하우스, 플래티늄, 도이치브로이하우스
불닭	2004~2005	홍초불닭, 화계, 땡초불닭
퓨전 오므라이스		오므토토마토, 오므라이스테이, 오므스위트, 에그몽
중저가 샤브샤브		정성본, 채선당, 어바웃샤브
베트남 쌀국수		호아빈, 포베이, 포메인, 포타이

메뉴	시대	외식 브랜드
해물떡찜	2006~2007	해물떡찜0410, 크레이지페퍼, 홍가네해물떡찜
정육형 고깃집	2006~2007	다하누촌, 산외한우마을
저가 쇠고기		아지매, 우스, 꽁돈, 우쌈, 우마루, 행복한 우담
국수	2008~2009	(비빔국수, 잔치국수)망향비빔국수, 명동할머니국수, 산두리비빔국수, 닐니리맘보
일본라멘		하코야, 멘쿠샤, 라멘만땅, 이찌멘
카페	2008~2013	스타벅스, 카페베네, 파리바게뜨
떡볶이	2011~2012	아딸, 죠스, 국대, 동대문엽기떡볶이
샐러드, 집밥	2013~2014	샐러드뷔페, 계절밥상, 자연별곡
디저트카페	2015~2017	몽슈슈, 초코렛바, 빙수 등 디저트

〈표 19〉 업종별 음식점업 현황(2015년 기준)

분류		업체수		종사자수	
		(개)	%	(명)	%
음식점업	한식점업	299,477	65.1	841,125	59.9
	한식점 제외한 총합	159,775	34.9	562,513	40.1
	중국 음식점업	21,503	4.7	76,608	5.5
	일본 음식점업	7,466	1.6	33,400	2.4
	서양 음식점업	9,954	2.2	67,279	4.8
	기타 외국식 음식점업	1,588	0.3	8,268	0.6
	기관 구내 식당업	7,830	1.7	48,000	3.4
	출장 및 이동 음식업	511	0.1	2,620	0.2
	기타 음식점업	110,923	24.2	326,338	23.2
	소계	459,252	100.0	1,403,638	100.0
주점 및 비알콜 음료점업		176,488		420,576	
음식점업(합계)		635,740		1,824,214	

⟨표 20⟩ 사업장 면적규모별 음식점 분포도(2015년 기준)

사업장 면적규모		음식점수(개)	(%)
30㎡ 미만	(9.3평)	75,977	12.0
30㎡~50㎡	(9.3평~15.4평)	131,003	20.6
50㎡~100㎡	(15.4평~30.9평)	271,277	42.7
100㎡~300㎡	(30.9평~92.6평)	135,299	21.3
300㎡~1,000㎡	(92.6평~302.5평)	19,856	3.1
1,000㎡~3,000㎡	(302.5평~907.5평)	2,057	0.3
3,000㎡	(907.5평)	271	0.1
합 계		635,740	100.0

⟨표 21⟩ 종사자 규모별 음식점(주점업포함)

(2015년 기준)

종사자규모	음식점수(개)	(%)	종사자수(명)	(%)
1~4명	559,338	88.0	1,170,619	64.2
5~9명	61,176	9.6	375,014	20.6
10~19명	11,685	1.8	147,249	8.0
20명 이상	3,541	0.6	131,332	7.2
합계	635,740	100.0	1,824,214	100.0

〈표 22〉 년 매출규모별 음식점 및 종사원 분포도

(2015년 기준)

매출규모	음식점수(개)	(%)	종사원수(명)	(%)
50 만원 미만	156,598	34.1	282,449	20.2
50~100만원	150,523	32.8	347,310	24.7
100~500만원	132,474	28.8	503,483	365.9
500~1000만원	15,862	3.4	152,236	10.8
1000만원 이상	4,294	0.9	118,160	8.4
합계	459,252	100.0	1,403,638	100.0

〈표 23〉 음식점업 시도별 현황(2015)

구분	사업체수	사업체수 비중	종사자수	매출액	업체당 매출액	1인당 매출액
전국	635.7	100	1,824.2	79,579.6	125.1	43.6
서울	116.8	18.4	409.1	19,559.5	167.4	47.8
부산	47.1	7.4	135.7	5,921.2	125.6	43.6
대구	31.4	4.9	84.8	3,513.7	112.0	41.5
인천	29.8	4.7	85.1	3,845.9	128.9	45.2
광주	17.1	2.7	50.3	2,163.1	126.3	43.0
대전	18.3	2.9	54.2	2,559.1	140.0	47.8
울산	16.1	2.5	42.9	2,043.7	126.9	47.6
세종	1.6	0.2	4.1	185.2	116.7	44.7
경기	126.7	19.9	387.3	17,754.4	140.1	45.8
강원	29	4.6	68.8	2,521.8	86.9	36.7
충북	22.7	3.6	56.4	2,227.0	98.0	39.5
충남	28.2	4.4	71.8	3,056.2	108.3	42.6
전북	22.7	3.6	60.2	2,202.3	96.9	36.6
전남	25.6	4.0	60.7	2,262.0	88.5	37.3
경북	41.8	6.6	95.6	3,788.9	90.6	39.6
경남	49.9	7.8	125.4	4,906.1	98.3	39.1
제주	10.8	1.7	31.7	1,039.6	96.5	32.8

〈표 24〉 프랜차이즈 산업 주요 3개국 현황

구분	한국(2015년)	일본(2012년)	미국(2010년)
가맹본부 수	3,482	1,281	2,300
가맹점 수	207,068	240,000	767,000
매출액(년)	약 102조	약 22조 287억 엔	1조 달러
고용인원	124만	200~300만	1,740만
외식업 비중	본부 72% 가맹점 44%	외식업 17.5% (매출기준) 외식업 41.8% (본부기준)	외식업 42% 패스트푸드 31%

〈표 25〉 외식 프랜차이즈 현황

구분	외식가맹 본부 수	전체가맹 본부 수	외식가맹점 수	전체가맹점 수
2011	1,309(64%)	2,042	60,268(40.5%)	148,719
2012	1,598(66.4%)	2,405	68,068(39.8%)	170,926
2013	1,810(67.5%)	2,678	72,903(41.3%)	176,788
2014	2,089(70.3%)	2,973	84,046(44.1%)	190,730
2015	2,251(72.4%)	3,482	88,953(45.8%)	194,199

〈표 26〉 국내 프랜차이즈 현황(2015 기준)

가맹본부	가맹점
외식업 72%	외식업 46%
서비스업 19%	서비스업 31%
도·소매업 9%	도·소매업 23%

〈표 27〉 국내 프랜차이즈 현황(2015 기준)

년도	가맹본부 수	가맹브랜드 수	직영점 수	가맹점 수
2010년	2,042	2,550	9,477	148,719
2015년	3,482	4,288	12,869	194,199

〈표 28〉 국내 프랜차이즈 업종별 브랜드 수(단위:개)

년도	전체	외식업	서비스업	도소매업
2011년	2,947	1,942	593	392
2012년	3,311	2,246	631	434
2013년	3,691	2,263	743	325
2014년	4,288	3,142	793	353

〈표 29〉 국내 외식 프랜차이즈 가맹점 수(단위:개)

치킨	한식	주점	피자 · 햄버거
22,529	20,119	10,934	8,542
커피전문점	제빵 · 제과	분식 · 김밥	일식 · 서양식
8,456	8,247	6,413	2,520

〈표 30〉 외식 업종별 신생률(단위:%)

업종	수도권				비수도권
	서울	인천	경기	평균	
한식음식점	7.6	8.1	7.9	**7.8**	7.1
중식음식점	7.5	5.4	8.4	**7.7**	5.3
일식음식점	10.7	6.5	11.1	**10.5**	9.0
경양식음식점	9.9	13.6	11.8	**10.6**	10.8
패스트푸드점	9.4	10.9	12.1	**10.8**	13.4
치킨전문점	10.2	10.8	10.7	**10.5**	10.9
분식음식점	6.4	11.5	11.3	**8.5**	9.9
주점	9.6	8.4	10.2	**9.7**	8.0
커피숍	20.7	22.1	24.7	**22.5**	20.0

〈표 31〉 업종별 활동업체수 증감률(단위:%)

업종	수도권				비수도권
	서울	인천	경기	평균	
한식음식점	-1.3	-0.5	-1.1	**-1.1**	-0.4
중식음식점	0.1	-2.1	0.2	**-0.1**	-1.6
일식음식점	3.3	0.6	3.4	**3.1**	3.3
경양식음식점	1.6	5.7	3.5	**2.3**	2.0
패스트푸드점	-0.7	4.0	5.3	**2.4**	7.0
치킨전문점	1.4	0.9	2.9	**2.1**	3.8
분식음식점	-3.4	0.7	1.4	**-1.4**	1.9
주점	-0.3	0.2	0.9	**0.3**	1.2
커피숍	15.1	20.8	20.7	**18.0**	13.1

〈표 32〉 업종별 5년 생존율(단위:%)

업종	수도권				비수도권
	서울	인천	경기	평균	
한식음식점	55.4	57.0	56.4	**56.0**	61.7
중식음식점	63.5	69.6	61.4	**63.1**	72.2
일식음식점	59.5	50.0	57.3	**58.2**	68.0
경양식음식점	61.4	48.7	59.3	**60.5**	61.2
패스트푸드점	53.0	69.4	60.4	**58.2**	63.9
치킨전문점	61.9	54.7	59.8	**60.0**	63.4
분식음식점	49.9	54.0	49.8	**50.4**	58.0
주점	59.0	63.9	58.2	**59.1**	65.7
커피숍	57.4	64.8	48.7	**54.5**	51.6

〈표 33〉 수도권 업종별 생존기간 10년 미만 비율

업종	수도권(%)				비수도권(%)
	서울	인천	경기	평균	
한식음식점	53.9	50.4	56.7	**54.9**	45.9
중식음식점	47.3	45.2	53.7	**49.9**	37.5
일식음식점	63.5	46.4	62.2	**61.7**	54.0
경양식음식점	59.4	64.5	64.7	**61.2**	56.7
패스트푸드점	78.2	73.8	69.4	**73.7**	62.6
치킨전문점	68.5	69.7	71.6	**70.3**	66.5
분식음식점	43.6	65.7	64.3	**52.7**	57.0
주점	58.8	52.0	61.3	**59.1**	55.3
커피숍	86.5	76.2	84.4	**84.5**	70.3

〈표 34〉 업종별 상주인구기준 포화도 상위 지역

업종	서울	인천	경기
한식음식점	중구(3.6)	옹진군(2.1)	가평군(3.5)
중식음식점	중구(3.5)	중구(2.3)	가평군(2.8)
일식음식점	중구(3.8)	강화군(1.9)	평택시(2.9)
경양식음식점	종로구(2.9)	중구(2.0)	포천시(3.0)
패스트푸드점	강남구(4.7)	중구(1.5)	가평군(3.6)
치킨전문점	중구(2.4)	동구(1.6)	연천군(2.7)
분식음식점	종로구(3.3)	동구(1.9)	연천군(4.0)
주점	마포구(2.4)	부평구(1.3)	구리시(2.5)
커피숍	중구(3.9)	강화군(1.8)	연천군(3.2)

| | | 전국 | 수도권 | | | | 비수도권 |
			서울	인천	경기	평균	
한식 음식점	개수	289,358	53,092	11,408	58,235	**122,735**	166,623
	증감	-2,015	-680	-56	-623	**-1,359**	-656
	증감률	-0.7	-1.3	-0.5	-1.1	**-1.1**	-0.4
중식 음식점	개수	21,428	4,030	999	3,970	**8,999**	12,429
	증감	-218	4	-21	6	**-11**	-207
	증감률	-1.0	0.1	-2.1	0.2	**-0.1**	-1.6
일식 음식점	개수	12,784	4,844	645	2,499	**7,988**	4,796
	증감	394	155	4	82	**241**	153
	증감률	3.2	3.3	0.6	3.4	**3.1**	3.3
경양식 음식점	개수	27,023	9,463	575	4,141	**14,179**	12,844
	증감	568	148	31	139	**318**	250
	증감률	2.1	1.6	5.7	3.5	**2.3**	2.0
패스트 푸드점	개수	8,283	1,738	366	1,837	**3,941**	4,342
	증감	378	-13	14	93	**94**	284
	증감률	4.8	-0.7	4.0	5.3	**2.4**	7.0
치킨 전문점	개수	36,895	5,745	1,987	8,966	**16,698**	20,197
	증감	1,085	80	18	250	**348**	737
	증감률	3.0	1.4	0.9	2.9	**2.1**	3.8
분식 음식점	개수	41,454	12,075	2,094	7,171	**21,340**	20,114
	증감	73	-423	15	102	**-306**	379
	증감률	0.2	-3.4	0.7	1.4	**-1.4**	1.9
주점	개수	65,775	12,396	3,908	13,941	**30,245**	35,530
	증감	512	-39	6	120	**87**	425
	증감률	0.2	-0.3	0.2	0.9	**0.3**	1.2
커피숍	개수	50,270	11,055	2,446	9,712	**23,213**	27,057
	증감	6,666	1,453	421	1,664	**3,538**	3,128
	증감률	15.3	15.1	20.8	20.7	**18.0**	13.1

〈표 36〉 국내 주요 50개 외식업체 2016년 실적

	법인명	대표브랜드	매출액		
			2016년	증감률	2015년
1	파리크라상	파리바게뜨	1,777,178,739,028	2.86%	1,727,743,711,101
2	CJ푸드빌	빕스	1,250,423,221,494	3.66%	1,206,274,856,583
3	스타벅스코리아	스타벅스	1,002,814,318,251	29.58%	773,900,207,510
4	롯데GRS	롯데리아	948,881,502,698	-1.17%	960,107,706,719
5	이랜드파크	애슐리	805,448,929,846	11.06%	725,259,064,288
6	농협목우촌	또래오래	539,706,247,053	06.05%	574,447,698,787
7	비알코리아	던킨도너츠	508,589,410,709	-2.24%	520,244,187,126
8	교촌에프앤비	교촌치킨	291,134,570,511	13.03%	257,568,343,023
9	비케이알	버거킹	253,165,340,964	-9.10%	278,519,490,955
10	제너시스BBQ	BBQ	219,753,548,128	1.80%	215,859,733,466
11	청오디피케이	도미노피자	210,258,669,230	7.61%	195,397,386,682
12	해마로푸드서비스	맘스터치	201,871,094,029	35.82%	148,630,305,769
13	에스알에스코리아	KFC	177,025,154,533	1.32%	174,724,909,649
14	더본코리아	새마을식당	174,871,404,102	41.18%	123,861,782,375
15	본아이에프	본죽	161,915,426,742	12.99%	143,298,606,904
16	이디야	이디야커피	153,544,611,986	13.30%	135,521,376,709
17	지앤푸드	굽네치킨	146,963,838,585	49.35%	98,403,070,608
18	커피빈코리아	커피빈	146,020,774,483	5.10%	138,938,692,307
19	할리스에프앤비	할리스커피	128,620,870,080	18.45%	108,584,230,041
20	놀부	놀부부대찌개	120,371,880,274	0.61%	119,644,883,536
21	엠피그룹	미스터피자	97,057,713,543	-12.03%	110,334,442,101
22	한솥	한솥도시락	93,450,170,833	8.69%	85,977,883,670
23	탐앤탐스	탐앤탐스	86,904,811,559	-2.09%	88,763,650,721
24	아모제푸드	카페아모제	77,709,476,186	-10.79%	87,021,856,784
25	카페베네	카페베네	76,579,195,280	-30.45%	110,110,201,113
26	토다이코리아	토다이	75,712,432,549	1.81%	74,366,111,820
27	원앤원	원할머니보쌈	75,335,571,616	-1.76%	76,685,431,644
28	디딤	신마포갈매기	65,752,103,510	6.20%	61,915,832,179
29	엔티스	경복궁	64,214,566,518	0.04%	64,191,883,374
30	전한	강강술래	62,605,427,065	16.76%	53,617,791,947

	법인명	대표브랜드	영업이익		
			2016년	증감률	2015년
1	파리크라상	파리바게뜨	66,466,341,645	-2.83%	68,401,992,788
2	CJ푸드빌	빕스	7,612,835,874	-27.61%	10,515,825,667
3	스타벅스코리아	스타벅스	85,263,869,944	80.87%	47,141,285,776
4	롯데GRS	롯데리아	19,265,680,668	43.52%	13,423,529,274
5	이랜드파크	애슐리	-13,042,395,296	적자지속	-18,567,855,117
6	농협목우촌	또래오래	2,388,904,185	-43.58%	4,234,412,263
7	비알코리아	던킨도너츠	40,507,512,902	-21.78%	51,789,190,475
8	교촌에프앤비	교촌치킨	17,697,273,857	16.81%	15,150,420,135
9	비케이알	버거킹	10,753,419,177	-11.41%	12,138,378,984
10	제너시스BBQ	BBQ	19,119,575,719	37.65%	13,889,867,948
11	청오디피케이	도미노피자	26,148,974,238	14.85%	22,763,349,909
12	해마로푸드서비스	맘스터치	17,257,002,377	93.95%	8,897,630,011
13	에스알에스코리아	KFC	-12,262,188,782	적자전환	2,519,865,023
14	더본코리아	새마을식당	19,762,485,462	80.08%	10,974,482,886
15	본아이에프	본죽	9,643,020,060	108.54%	4,624,133,933
16	이디야	이디야커피	15,785,054,983	-3.36%	16,333,174,813
17	지앤푸드	굽네치킨	14,074,334,840	150.02%	5,629,268,870
18	커피빈코리아	커피빈	6,415,508,347	63.97%	3,912,507,369
19	할리스에프앤비	할리스커피	12,733,558,418	85.71%	6,856,590,390
20	놀부	놀부부대찌개	4,471,311,917	71.67%	2,604,572,263
21	엠피그룹	미스터피자	-8,906,726,136	적자지속	-7,258,907,426
22	한솥	한솥도시락	7,537,969,650	-3.90%	7,844,235,483
23	탐앤탐스	탐앤탐스	2,361,398,129	-46.33%	4,399,702,445
24	아모제푸드	카페아모제	-691,750,183	적자지속	-514,452,289
25	카페베네	카페베네	-554,827,454	적자지속	-4,381,991,762
26	토다이코리아	토다이	1,890,163,061	-34.38%	2,880,632,811
27	원앤원	원할머니보쌈	1,906,415,161	28.04%	1,488,921,918
28	디딤	신마포갈매기	5,531,547,756	109.18%	2,644,406,000
29	엔티스	경복궁	3,495,529,796	6.93%	3,268,846,170
30	전한	강강술래	6,253,723,716	156.51%	2,438,038,325

	법인명	대표브랜드	당기순이익		
			2016년	증감률	2015년
1	파리크라상	파리바게뜨	55,101,759,875	6.56%	51,707,226,710
2	CJ푸드빌	빕스	5,213,030,763	흑자전환	-7,399,515,626
3	스타벅스코리아	스타벅스	65,250,646,249	130.68%	28,286,458,919
4	롯데GRS	롯데리아	-11,328,471,862	적자지속	-57,188,774,814
5	이랜드파크	애슐리	-80,415,701,255	적자전환	3,259,340,450
6	농협목우촌	또래오래	176,061,903	-96.06%	4,474,241,678
7	비알코리아	던킨도너츠	35,748,612,156	-17.04%	43,090,305,701
8	교촌에프앤비	교촌치킨	10,333,269,262	48.13%	6,975,624,101
9	비케이알	버거킹	8,041,478,568	-6.98%	8,644,484,103
10	제너시스BBQ	BBQ	5,622,355,657	-25.79%	7,575,978,570
11	청오디피케이	도미노피자	20,886,060,816	15.86%	18,027,199,494
12	해마로푸드서비스	맘스터치	9,295,865,326	52.53%	6,094,487,395
13	에스알에스코리아	KFC	-18,989,243,531	적자전환	1,239,410,933
14	더본코리아	새마을식당	19,246,938,573	176.53%	6,960,110,664
15	본아이에프	본죽	6,541,937,183	666.68%	853,282,435
16	이디야	이디야커피	11,157,627,325	-14.73%	13,085,209,896
17	지앤푸드	굽네치킨	9,051,485,230	98.68%	4,555,730,841
18	커피빈코리아	커피빈	4,274,213,864	68.04%	2,543,614,329
19	할리스에프앤비	할리스커피	9,112,688,828	97.97%	4,603,109,833
20	놀부	놀부부대찌개	34,729,365	흑자전환	-1,185,695,358
21	엠피그룹	미스터피자	-13,169,290,522	적자지속	-5,685,686,269
22	한솥	한솥도시락	5,937,412,411	-6.94%	6,379,860,772
23	탐앤탐스	탐앤탐스	-2,700,843,324	적자전환	1,006,075,983
24	아모제푸드	카페아모제	-2,894,719,809	적자지속	-2,831,863,842
25	카페베네	카페베네	-24,199,662,544	적자지속	-33,998,615,819
26	토다이코리아	토다이	-302,769,030	적자전환	60,192,423
27	원앤원	원할머니보쌈	1,050,809,166	-46.68%	1,970,922,444
28	디딤	신마포갈매기	3,882,856,783	206.73%	1,265,883,943
29	엔티스	경복궁	870,450,996	62.51%	535,619,685
30	전한	강강술래	4,044,752,337	204.26%	1,329,361,651

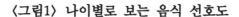

〈그림1〉 나이별로 보는 음식 선호도

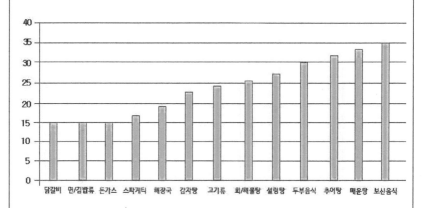

〈표 37〉 외식장소 선택기준

연도	식당 선택기준
1985년	가격, 맛, 위생
1990년	맛, 청결, 가격
1995년	맛(87.1%), 서비스(4.6%), 분위기(4.4%)
2000년	맛(77%), 서비스(37.4%), 분위기(32.7%)
2005년	맛(72.3%), 가격(15.5%), 양(4.4%)
2010년	맛(71.2%), 분위기(10.2%), 교통(8.4%)
2015년	맛(82.6%), 분위기(25.2%), 교통(21.3%)
2017년	맛(77.3%), 분위기(7.1%), 가까운 위치와 교통(6.8%)

〈표 38〉 상권별 특징

구분	특징
오피스	- 말, 저녁 공백.. - 직장인 상권의 경우 짧은 이동을 선호하는 경향이 강하여 어디에 입지하는가가 중요함. - 따라서 오피스 이면 유동인구가 많은 곳이 상대적으로 유리. - 직장인을 목표시장으로 하는 만큼 규모를 크게 하고 현대화된 환경으로 창업하는 것이 유리.
역세권	- 영업시간이 상대적으로 길고 자영업자의 피로도가 큼. - 24시간 성황, 주말 유입인구가 크고 업종이 다양하며 유흥성향이 상대적으로 강한 상권 곱창전문점은 B급지에 입지하는 것이 적당,
대학가	- 찾아다니며 소비하는 성향이 강해 상권이 넓게 형성. 따라서 입지 선택의 여건이 상대적으로 양호.
주택가	- 평일 공백 - 가족단위 소비자를 유입할 수 있는 환경을 구축하는 것이 필요
전문 쇼핑가	- 업종별 군집형태로 상권 발달 - 쇼핑가 자영업자를 목표시장으로 전문상가 인근에 입지

〈표 39〉 보쌈전문점 최적의 상권입지

적합상권 유형	장·단점	
제1후보지 주택가 진입로변상권	장 점	보쌈전문점 주 수요층의 접근성이 좋은 대단 위 주택가 진입로 변 1층 매장이 가장 적합 하다.
	단 점	주택가 상권의 경우 직장인 수가 적다. 점심 매출이 기대만큼 나오지 않을 수 있다.
제2후보지 아파트 주거지역	장 점	거주밀집지역의 틈새상권도 좋다. 배달을 전 문으로 하는 소규모 업체라면 적극 추천한다.
	단 점	틈새 입지개발이 쉬운 일이 아닌 만큼 단골 을 만들기 위한 노력이 필요하다.
제3후보지 역세권, 오피스밀집 상권	장 점	직장인 유동인구가 많은 역세권이나 오피스 밀집상권, 먹자상권은 어떤 아이템이 들어가 도 반은 먹고 들어갈 수 있다.
	단 점	보증금, 월세, 권리금이 높아 매출은 높으나 수익성이 떨어질 수 있다.

〈표 40〉 장어전문점의 최적 상권입지

제1후보지 사무실 밀집지역 및 도심 오피스상권 먹자골목		제2후보지 도심외곽 관광지 및 강변상권		제3후보지 주택가로 이어지는 대로변	
장점	단점	장점	단점	장점	단점
주택가 상권보다는 관공서 주변상권과 회식 수요가 있는 사무실 밀집지역이 적합하다. 30~50대 남성들의 분포가 많은 지역이라 장어의 수요가 많다.	직장인들을 대상으로 하는 저렴한 가격의 점심 메뉴를 개발해야 한다. 주5일 근무로 주말 매출이 저조할 수 있다.	장어 전문점은 보양 식품이라는 인식이 크기 때문에 도심 한가운데보다 외곽 지역에서 장어를 찾는 사람들이 많다. 임진강 일대, 고창 선운사 일대, 남양주 운길산역 일대가 장어타운이 형성된 이유다.	주말고객층과 평일 고객층의 편차가 크다는 점이다. 수도권 상권의 경우 평일 접근성이 높은 지역 선정이 중요하다.	장어전문점 특성상 주택가 진입로 대로변 매장이 관건이다. 눈에 띄는 입지가 목적 구매고객을 공략할 수 있다.	평일 낮 매출을 담보하기 어렵다. 주부들의 계모임이나 동네의 크고 작은 행사를 유치하는 등 매출증대를 위한 전략을 세울 필요가 있다.

〈표 41〉 갈비 전문점의 최적의 상권입지

적합상권 유형		장·단점
제1후보지 **(대단위 아파트** **상권 내 외식상권)**	장점	갈비 전문점의 주 수요층이라고 할 수 있는 주부·가족단위고객을 공략하는 데는 1만 세대 이상이 거주하는 아파트상권이 적합하다
	단점	아파트상권의 경우 분양가 거품으로 인해 점포임대가가 높기 때문에 자칫 투자 수익률이 떨어질 수 있는 위험성이 있다.
제2후보지 **(주택가상권 대로변** **입지)**	장점	갈비 전문점은 대형화 전문화 바람을 타고 있는 아이템이다. 가시성과 접근성이 좋은 주택가 상권 진입로 대로변을 추천한다. 대형매장을 공략한다면 지역의 랜드마크 역할을 하면서 안정 수익을 확보할 수 있다.
	단점	대형 매장의 경우 점포구입비와 점포 시설투자비가 높다. 초기투자 비용이 상당하므로 쉽사리 진행하기 어렵다.
제3후보지 **(역세상권 내** **먹자골목)**	장점	지속적인 안정 수요층을 확보하는 데는 역세상권의 먹자골목도 나쁘지 않다.
	단점	먹자골독 내의 경쟁점포가 많기 때문에 자칫 먹자골목 경쟁우위를 점유하지 못한다면 상권 내 경쟁구도에서 밀려날 수 있는 위험성이 높다.

〈표 42〉 닭갈비 전문점, 대학가·먹자골목 최적의 상권 입지

적합상권 유형		장·단점
제1후보지 (지하철역 인근 먹자골목)	장점	지하철역 인근 먹자골목이나 중심상가 이면도로는 닭갈비 전문점의 최적 입지다. 내부가 들여다보이는 1층 매장이면 더욱 좋다. 우선 유동인구가 많고, 저녁모임이 많이 이루어지는 곳이라 소모임이나 회식수요가 많다.
	단점	주 영업시간이 밤이기 때문에 늦은 시간까지 영업을 해야 한다. 체력이 뒷받침되지 않으면 운영에 차질을 빚을 수 있다.
제2후보지 (대학가 주변)	장점	닭갈비에 대한 선호도가 가장 높은 계층이 모이는 지역이다. 맛과 서비스에 관리를 잘하면 단골손님 확보가 용이하다.
	단점	점포 구입단계에서 투자비용이 높다. 물건을 구하기도 쉽지 않다. 어설프게 접근하면 손해만 볼 확률이 높다.
제3후보지) (사무실주변 유동인구 많은 곳)	장점	직장인들의 모임 장소로 콘셉트를 잡는 게 중요하다. 점심메뉴를 개발해 점심영업을 기대 할 수 있다.
	단점	주말 매출을 기대하기 어렵다. 저녁 매출이 중요한 업종이지만, 퇴근시간대 매출이 생각만큼 나오지 않을 가능성도 있다.

관통도로와 교통량에 따른 매출

관통도로란 시 경계선에서 시내와 시외를 연결하는 주요 도로를 말한다. 적은 자본으로 음식 장사로 한몫 잡고 싶다면 이들 관통도로의 교통량을 분석하는 것이 좋다. 국내에는 도시 크기가 매우 크고 근처에 거대 위성 도시를 끼고 있어도 관통도로에 하루 20만대가 넘는 교통량을 보이는 지역이 없다. 그럼 관통 도로의 교통량이 대강 어느 정도이면 음식점의 장사가 잘되는 것일까?

교통량이 많이 발생하는 관통 도로에는 도로를 따라 여러 개의 핵심 상권이 자생하고 있다. 음식점을 이 핵심 상권에 입점시키는 것도 좋은 방법이지만 건물 임대료가 비싸다. 이럴 경우에는 교통량을 믿고 대로변에 음식점을 입점시키는 것도 생각해볼 만하다. 남태령 고개를 예로 들어보면, 남태령 고개는 경기도 과천과 서울 사당동을 연결하는 고개 이름이다. 이 고개를 따라 서울 방향으로 발전한 상권이 사당동 역세권이다. 그 밑으로는 방배동 상권이 있다. 예전에는 시계를 연결하는 단순한 도로에 불과했으나 서울 외곽에서 서울 시내로 출퇴근하는 사람들이 많아지면서 사당동은 대형 상권으로 발전하였다.

관통 도로와 같은 대로변에 음식점을 입점시킬 때는 하루 평균 5만 대 정도의 교통량이 발생하는 도로로 생각해볼 만하다. 5만 대 수준이면 대강 맛이 있거나 분위기가 있는 요식업소라면 매출이 일정 이상으로 발생한다.

그렇다면 교통량 계산은 어떻게 하나? 어떤 한 지점의 교통량은 일반적으로 출근이 시작되는 아침 7시를 전후로 해서 늘어나기 시작한 뒤 8시부터 9시 사이가 그날의 최고 피크 타임이 된다. 그런 뒤 교통량이 일정 수준으로 계속 유지되다가 오후 퇴근 시간이 되자 교통량이 다소 늘어났다가 새벽 1시면 현저하게 줄어든다는 공통점이 있다.

즉 아침 9시대에 피크를 이루고 점심을 전후로 약간씩 줄어들었다가 저녁 퇴근 시간대에 다시 피크를 이룬 뒤 새벽 1시까지 천천히 감소하다가 새벽 1시를 넘으면 현저하게 줄어든다. 이로 인해 아침 피크 시간대의 교통량과 교통량이 제일 적은 새벽 4시경의 교통량은 3배에서 5배 정도의 차이가 발생한다.

교통량 조사 방식

관통 도로에서의 교통량은 오전(07~09시), 점심(11~14시), 퇴근 시간(17~19시) 사이에 측정한다. 새벽 1시부터 아침 7시까지의 교통량은 피크 타임의 3분의 1로 계산한 후 평균을 잡으면 하루 교통량의 윤곽이 대강 잡힌다.

일반적으로 주거 지역에서는 21시~23시 사이에 교통량이 점차 줄어들지만, 심야 영업이 활발한 지역은 21시~23시경에 다소 교통량이 늘어나는 특징을 가지고 있다. 따라서 술집을 창업하려면 그 지역(먹자골목 등)의 밤 21시부터 23시까지의 교통량을 측정하는 것이 좋다. 만일 21시를 기준으로 시간당 교통량의 유입 유출 합계가 3천대 이상이라면 그 지역은 심야 상권이 활발한 지역이라고 볼 수 있다.(밤 9시부터 10시까지 3천대 이상의 유동량을 보이는 도로라면 그 도로는 교통 정체가 상당히 심한 도로라고 말할 수 있다.)

〈표 43〉 서울의 관통 도로 교통량

도로 명	교통량(대)
양재대로	약 13만
시흥대로	약 12만
하일동	약 10만
남태령	약 9만
통일로	약 9만
도봉로	약 7만 9천
망우리	약 7만 7천
복정 검문소	약 6만
서하남	약 6만
서오릉	약 4만

창업할 수 있는 외식업 종목

한정식 전문점/ 산채요리 전문점/나물요리 전문점/ 약선요리 전문점/ 궁중요리 전문점/ 사찰음식 전문점/ 한식당/ 한식배달 전문점/ 생선구이백반 전문점/ 연탄구이백반 전문점/ 우렁된장 전문점/ 대통밥 전문점/ 중화요리 전문점/ 중화요리 뷔페/ 테이크아웃 중화요리 전문점/ 중화요리 패밀리 레스토랑/ 기사식당/ 5,000원 기사식당/ 돼지김치찌개 전문 기사식당/ 해물탕 전문 기사식당/ 연탄구이 기사식당/ 일식집/ 활어횟집/ 장어 전문점/ 초밥 전문점/ 퓨전초밥 전문점/ 회전초밥 전문점/ 일본음식 전문점/ 보쌈 전문점/ 부대찌개 전문점/ 수제 부대찌개 전문점/ 빈대떡 전문점/ 족발 전문점/ 닭갈비 전문점/ 찜닭 전문점/ 바비큐 치킨 전문점/ 통닭 전문점/ 닭볶음탕 전문점/ 삼계탕 전문점/ 죽 전문점/ 덮밥 전문점/ 비빔밥 전문점/ 돌솥밥 전문점/ 가마솥밥 전문점/ 철판볶음밥 전문점

참치회 전문점/ 꽃게탕 전문점/ 해물탕 전문점/ 민물새우 전문점/ 낙지요리 전문점/ 랍스타 전문점/ 조개구이 전문점/ 꼬치구이 전문점/ 밴댕이요리 전문점/ 올갱이국 전문점/ 돼지갈비 전문점/ 삼겹살 전문점/ 생고기 전문점/ 연탄불고기 전문점/ 화로 숯불고기 전문점/ 한우 전문점/ 떡볶이 전문점/분식 전문점/ 만두 전문점/ 즉석김밥 전문점/ 카레요리 전문점/ 수제어묵 전문점/ 수제 햄버거 전문점/ 수제핫도그 전문점/ 호두과자 전문점/ 왕만두 전문점/ 멸치국수 전문점/ 잔치국수 전문점/ 회국수 전문점/ 막국수 전문점/ 우동 전문점/ 라면 전문점/ 칼국수 전문점/ 손칼국수 전문점/ 콩칼국수 전문점/ 바지락 칼국수 전문점/ 수제비 전문점/ 닭수제비 전문점/ 퓨전음식 전문점/ 일식돈가스 전문점/ 바비큐 전문점/ 샤브샤브 전문점/ 버섯요리 전문점/ 두부요리 전문점/ 두루치기 전문점/ 보리밥 전문점/ 쌈밥 전문점/ 떡갈비 한정식 전문점

추어탕 전문점/ 매운탕 전문점/ 동태탕 전문점/ 감자탕 전문점/ 영양탕 전문점/ 오리요리 전문점/ 설렁탕 전문점/ 해장국 전문점/ 뼈다귀 해장국 전문점/ 콩나물 해장국 전문점/ 소해장국 전문점/ 카페/ 락카페/ 북카페/ 룸카페/ 커피숍/ 룸커피숍/ 테이크아웃 커피 전문점/ 보드게임 카페/ 막걸리 전문점/ 연탄불 생선구이 주점/ 일본식 주점/ 퓨전 주점/ 연탄불 안주 주점/ 철판요리 주점/ 포차 주점/ 맥주 전문점/ 세계맥주 전문점/ 호프 전문점/ 소주방/ 단란주점/ 룸살롱/ 노래방/ 비즈니스 바/ 웨스턴 바/ 칵테일 바/ 마술쇼 바/ 모던 바/ 클럽/ 제과점/ 떡 전문점/ 피자 전문점/ 파스타 전문점/ 스파게티 전문점/ 이태리요리 전문점/ 프랑스요리 전문점/ 터키요리 전문점/ 베트남쌀국수 전문점/ 양꼬치 전문점/ 말고기 전문점/ 북한음식 전문점/ 외국음식 전문점/ 패스트푸드/ 패밀리 레스토랑/ 샐러드 레스토랑/ 해물 뷔페/ 고기 뷔페/ 가든형 음식점/ 반찬집/ 1만원 고기안주 주점/ 1만원 해산물안주 주점/ 무한리필 안주 주점/ 무한리필 음식 전문점/ 무한 토핑 주점

〈표 44〉 추정소요자금 계획

과목	금액	비고
1. 매출액	0	서비스매출 + 상품매출
1) 서비스	0	(서비스매출)
2) 상품매출	0	(상품 또는 음식 판매 매출)
2. 매출원가	0	상품의 원가
3. 매출이익	0	매출액 - 매출원가
4. 판매관리비	0	
1) 급료	0	직원급여, 사업자급여
2) 복리후생비	0	직원복리후생, 4대보험, 식대 등
3) 임차료	0	임차료
4) 수도광열비	0	전기세, 수도세, 가스 등
5) 통신료	0	전화, 인터넷, 휴대폰
6) 수수료	0	세무대행료, 신용카드 수수료, 정수기, POS 등
7) 소모품비	0	1회용품, 청소용품, 주방용품
8) 감가상각비	0	취득원가-잔존가치/내용연수
9) 광고비	0	전단지, 홍보비 등
10) 기타경비	0	
5. 영업이익	0	매출이익 - 판매관리비
6. 영업외 비용	0	
1) 지급이자	0	대출금은행이자
7. 영업외 수익	0	이자수익 등
8. 경상이익	0	영업이익 - 영업외비용 + 영업외수익
9. 세전순이익	0	경상이익 - 특별손실 + 특별이익
10. 세금	0	1년 부가가치세, 소득세/12개월
11. 순손익	0	세전순이익 - 순이익

매출액 추정과 투자 수익률 분석
매출액 추정 방법   1개월 동안의 수익 X 12개월 = 적정 권리금
월 매출액   통행인구수 X 내점률 X 1인구매단가(객단가)   X 월간 영업일수

〈표 45〉 투자수익률 및 투자회수기간 판단 기준

사업성 판단기준	투자수익률	투자비회수기간
매우 우수	4.3% 이상	2년 이내 회수
우수	3~4.2%	2~3년 회수
보통	2.2~3%	3~4년 회수
불량	2.1% 미만	4년 이상 회수

<表 46> 입지 후보지 선정

1	업종(목적)분석	아이템의 소비시간, 소비수준, 소비층, 소비행동, 경쟁점, 보완점을 분석한다.
2	유사업종군집화	소비패턴과 소비특성 등이 유사한 업종을 군집화한다.
3	1차 지역선정	군집화된 업종의 환경 조사
4	적합도 분석	상권과 업종의 적합도와 경쟁점과 보완점을 조사한다.
5	2차 후보지선정	적합도가 높으며, 임대조건 등이 좋은 지역 선정
6	변화요인 분석	도시계획, 공급률 등을 조사하여 미래변화요인을 조사한다.
7	타당성 분석	추정손익, 투자대비, 수익률 등 사업타당성을 분석한다.
8	최종	최종 결정

〈표 47〉 환경 분석(3C 분석)

3c	분석 내용	전략 방향
Customer	- 상권 반경 1km 내 - 배후세대를 주택가로 두고 있는 2종 근린생활 상권 - 30~40대 매니아층, 가족 수요 상존 - 31,500세대, 88,700명(주택 80%)	양질의 제품 확보 정당한 가격 정책
Company	- 기능적 능력의 확보 - 공급자 확보 - 20년 이상 거주로 잠재 수요 확보	제품의 질 유지
Competitor	- 경쟁점포 7개소(곱창 6, 양구이 1) - A급 경쟁점포 1개 - 경쟁점 대비 차별화 요소 약함 - 기존 점포의 고객 충성도 높음	양심의 제품 공급과 마케팅으로 새로운 맛집으로 부상

\<표 48\> 사업 방향의 설정

구분	사업 방향 설정
목표고객	- 상권 내 30~40대 - 배후세대 가족 고객
핵심경쟁력	- 기술적 능력 - 양질의 제품에 대한 지속적인 제공능력
실행방안	- 독산동 내장 도매상과의 협업 - 블로그 운영 - 스토리텔링에 의한 고객충성도 고취
업종현황 및 전망	- 공급이 한정적이고 손질에 어려움이 있는 반면, 매니아층을 중심으로 수요가 꾸준하여 향후 전망 또한 안정적임.

\<표 49\> 시설계획

인테리어 컨셉	-젠 스타일 추구로 유행을 타지 않으면서 안정감 추구 -가족 고객을 위한 편안한 테이블 셋팅 -배연 시설에 중점			
시설 계획	-동선을 고려한 설계 -주방면적, 홀 면적, 테이블 수, 마감재 기재 철거, 목공, 전기, 조명, 마감 계획의 구체화 -간판 디자인			
시설 자금	품명	수량(m²)	3.3m² 당 단가	금액
	인테리어(홀)	66	800,000	16,000,000
	인테리어(주방)	19	400,000	2,000,000
	잡기 비품 등			5,000,000
	간판 외			2,000,000
	합계			25,000,000

⟨표 50⟩ 구매계획

구매전략	-독산동 내장 소매상 2곳 이상 확보 -세금계산서 수취가 가능한 식자재 업체 확보 -결제조건, 반품 조건 등을 명확히 함. -집기 비품 구매 목록표 작성					
	구입품명	구입처	거래조건	연락처	금액	비고
식자재	곱창, 양깃머리 외					
	식자재					
	주류					
집기/비품	주방 용품					
	홀 용품					

⟨표 51⟩ 판매계획

	메뉴명	수량(g)	단가	금액(일)	비고
판매계획	곱창	200	15,454	772,700	부가세 별도
	양깃머리	200	20,000	200,000	
	곱창모둠	200	13,636	272,720	
	염통	200	9,090	45,450	
	간, 천엽		4,545	22,725	
	주류		2,727	149,985	
	합계			1,463,580	

〈표 52〉 원가계획

매출원가	원부자재	소요량(일)	구입단가	금액	비고
	곱창	1보			
	양깃머리	2kg			
	막창	1보			

〈표 53〉 인력 및 인건비 계획

직책	인원	급여	총액	비고
실장(주방/홀)	2	1,600,000	3,200,000	
직원(홀)	2	1,400,000	2,800,000	
보조(주방)	1	800,000	800,000	
합계	5	3,800,000	6,800,000	

〈표 54〉 소요자금 및 조달계획

구분		내역	금액	산출근거
소요자금	시설자금	임차보증금	40,000,000	임대차계약서
		권리금	20,000,000	권리양도계약서
		인테리어비	20,000,000	견적서
		집기 비품	5,000,000	견적서
		소계	85,000,000	
	운영자금	운영자금	25,000,000	매출계획의 약 65%
		소계	25,000,000	
	합계		110,000,000	
조달계획	자기자금	현금/예금	70,000,000	통장
		소계	70,000,000	
	타인자금	은행대출	10,000,000	
		정책자금	30,000,000	창업자금
		소계	40,000,000	
	합계		110,000,000	

〈표 55〉 손익계획

과목	금액		산출근거
1.매출액		39,516,000	매출계획(27일영업일)
2.매출원가		15,806,000	(40%)
3.매출이익		23,710,000	
4.일반관리비		13,875,000	(가~자 합계액)
가.급료	6,800,000		인력계획 참조
나.임차료	5,060,000		
다.관리비	600,000		
라.수도광열비	400,000		
마.통신비	50,000		
바.복리후생비	250,000		
사.광고선전비	100,000		
아.잡비	200,000		
자.잠가상각비	415,000		
5.영업이익		9,835,000	
6.영업외비용		100,000	
가.지급이자	100,000		약 25%
7.영업외수익			
8.경상이익		9,735,000	

〈표 56〉 곱창이야기 수익성

구분	15평(49.5m)	30평(99.1m)
테이블수	일일 2회 기준 테이블수X테이블단가40,000 ▶360,000X2회 ▶720,000	일일 2회 기준 테이블수18X테이블단가40,000 ▶720,000X2회 ▶1,440,000
예상매출	일일 2회 기준 테이블수X테이블단가40,000 ▶360,000X2회 ▶720,000	일일 2회 기준 테이블수18X테이블단가40,000 ▶720,000X2회 ▶1,440,000
예상월매출	영업일30X일매출→ 21,600,000	영업일수30X일매출→43,200,000

〈표 57〉 곱창이야기 창업비용

구분	15평	30평	내용
월매출	21,600,000	43,200,000	
매출원가	8,610,000	17,280,000	원재료+식자재+주류+야채류
건물임대료	2,600,000	4,000,000	임대료/관리비
인건비	4,000,000	7,000,000	15평 주방1 홀2 4,000,000 30평 주방1 홀4 7,000,000
전기,가스 공과금	1,000,000	2,000,000	전기,수도,가스,공과금 등
잡비	500,000	1,000,000	기타 소모품 및 식대
소계	16,140,000	31,280,000	
영업이익	5,460,000	11,920,000	원매출-지출경비(소계)

〈표 58〉 한식당 창업비용의 예

구분	내용	20평	30평	40평	50평	60평	70평
가맹비	브랜드 사용권, 지역독점부여권, 조리교육, OPEN지원 3일	500	500	500	500	500	500
교육비	경영, 조리, 매뉴얼제공, 본사 노하우제공, 조리교육 3일	200	200	200	200	200	200
인테리어	목공사, 전기공사, 설비공사, 도장공사, 유리, 도배, 주방, 바닥 시공, 조명, 덕트 등 일체포함	3,000	4,500	6,000	7,500	9,000	10,500
주방기기	냉장고 및 냉동고, 간택기, 육수냉장고, 싱크대,찬 냉장고, 작업대, 밥솥, 컵소독기, 스텐선반, 홀싱크대, 상부선반, 초벌대	37	37	37	37	37	37
주방 및 홀 집기	그릇 및 주방집기, 기물, 홀 집기, 앞치마, 전자레인지, 믹서기, 보온고 등	30	30	30	30	30	30
판촉 및 홍보	명함, 빌지패드, 라이터, 메뉴판, 전단지, OPEN현수막, 유니폼(홀, 주방), 오픈행사도우미 2명 외 등	250	250	250	250	250	250
본사지원품목	주류냉장고, 냉동고, 냉각기 및 주류비품 일체, 가스설비시공 (단, 도시가스 제외)						
창업자금지원	무이자, 무담보, 1,000만원부터 최고 5,000만원 까지 가능 (지역 상권, 평수에 따라 차이가 날 수 있음)						
합계		4,017	5,517	7,067	8,567	10,067	11,567

사업자등록증 발급을 위한 행정 절차	
권리금 산정방식	① 신규 위생교육 ② 보건증 발급 ③ 영업신고증 신청 ④ 사업자등록증 신청 ⑤ 보험 가입

〈표 59〉 일반음식점과 휴게음식점 비교

일반음식점	휴게음식점
음식물의 조리 및 판매와 더불어 음주행위가 허용되는 호프집, 한식, 경양식 등	음식물의 조리 및 판매는 가능하나 음주행위가 허용되지 않는 커피숍, 빵집 등

〈표 60〉 일반과세와 간이과세 비교

구분	일반과세사업자	간이과세사업자
매출액	연간매출액 4,800만원 이상	연간매출액 4,800만원 미만
납부세율	공급가액의 10% 부가가치세로 납부	업종별 부가세율을 고려한 세율부과(공급가액의 1.5~4%)
세액공제	매입세액 전액	매입세액의 15~40%
세금계산서	세금계산서 발행과 매입의 의무	세금계산서 발행 불가
예정고지 여부	예정신고기간에 대해 예정신고 또는 예정고지에 의한 징수 원칙	예정신고 및 예정고지 없음
비고		과세기간 매출액이 1,200만원 미만인 경우 부가가치세 면제

⟨표 61⟩ 주요 소셜커머스 사이트 및 연락처

소셜커머스 업체	도메인	연락처
쿠팡	www.coupang.com	1577-7011
티켓몬스터	www.ticketmonster.co.kr	1544-6240
위메이크 프라이스	www.wemakeprice.com	1588-4763
그루폰코리아	www.groupon.kr	1661-0600
지금샵	www.g-old.co.kr	070-4077-4770
슈팡	www.soopang.co.kr	1600-2375
소셜비	www.sociabee.co.kr	1588-5908
달인쿠폰	www.dalincoupon.com	1666-9845

〈표 62〉 온라인마케팅의 하나인 소셜미디어 활용

		블로그	SNS	위키	UCC	마이크로 블로그
사용목적		정보공유	관계형성, 엔터테이 먼트	정보공유, 협업에 의한 지식 창조	엔터테이 먼트	관계형성, 정보공유
주체:대상		1:N	1:1 1:N	N:N	1:N	1:1 1:N
사 용 환 경	**채널 다양성**	인터넷 의존적	인터넷환경, 이동통신환경	인터넷 의존적	인터넷 의존적	인터넷환경, 이동통신환경
	즉시성	사후기록, 인터넷 연결시에만 정보 공유	사후기록, 현재시점 기록, 인터넷/이동 통신 연결 시 정보공유	사후기록, 인터넷 연결시 창작/공유	사후제작, 인터넷 연결시 콘텐츠 공유	실시간 기록, 인터넷/이동 통신 연결 시 정보공유

〈표 63〉 연간 판매촉진 전략

월별	행사	이벤트 기준 및 판촉활동
1	시무식, 신년회, 설날, 대입합격축하회	POP부착, 새해선물(식사권, 할인권 등)을 연하장에 넣어 DM발송, 내점고객 선물 증정(복주머니, 복조리 등)
2	입춘, 봄방학, 졸업식, 환송회	졸업축하 이벤트, 발렌타인데이 특별 디너세트 판매(꽃, 샴페인증정, 초콜릿), 봄맞이 환경처리 실시, 현수막 부착, DM발송(리스트 입수), 정월대보름 오곡밥 축제
3	입학식, 환영회, 대학개강 파티	입학식, 환영회(행사유치를 위한 사전 홍보활동 및 선물제공), 화이트데이 이벤트 실시, 봄 샐러드 축제와 꽃씨제공
4	봄나들이, 한식, 식목일	신 메뉴 개발, DM, 각종 차량에 안내장 부착
5	어린이 날, 어버이 날, 스승의 날, 성년의 날	어린이날 특선메뉴 및 기념품 제공, 가정의 달 효도대잔치(카네이션, 기념사진 등), 독거 소년·소녀와 노인 초청 행사, 서비스 콘테스트 실시, 광고 등
6	각종 체육회, 현충일	국가 유공자 가족 초대회(할인행사)

월별	행사	이벤트 기준 및 판촉활동
7	여름보너스, 휴가, 초중고 방학	DM, 여름철 특선 메뉴 실시(빙수, 생과일 쥬스, 호프, 야외 바베큐파티 등), 삼복더위 축제
8	여름휴가, 초중고 개학	한여름 더위를 식힐 화채 개발 시식 및 각종 우대권 제공
9	대학개학, 초가을레저, 추석	도시락 개발, 행락철에 T/O
10	운동회, 대학축제, 결혼러시, 단풍놀이 행락객	가을미각축제, 과일축제, 송이축제, 전어축제, DM발송
11	학생의 날, 취직, 승진축하	찜요리 축제, 입시생을 위한 특선메뉴(건강식), 송년회 및 회식안내(DM)
12	송년회, 겨울방학, 겨울레저, 첫눈	크리스마스카드 및 연하장 발송(할인권), 점내 POP부착
기타	단골고객의 날 이벤트 개최, 생일 축하, 월 시식일 등	고객관리, 선물 또는 무료 식사권 제공

일일 매출 규모별 적정 관리 내역

(1) 하루 매상 40만원-창업 실패한 업소

한 달 총매출 : 40만원 x 30일 = 1,200만원

재료비(30%~35% 안팎) : 450만원 안팎

임대료&공과금&인건비(35%~40% 안팎) : 500만원 안팎

순이익률(22%~30%) : 250만원 ~ 350만원(사장이 주방이나 매장일을 하는 상태)

(2) 하루 매상 60만원-평균 성적을 거둔 업소

한 달 총매출 : 60만원 x 30일 = 1,800만원

재료비(30%~35% 안팎) : 600만원 안팎

임대료&공과금&인건비(35%~40% 안팎) : 700만원 안팎

순이익률(23%~32%) : 400만원 안팎(사장이 주방이나 매장일을 절반 정도 하는 상태)

(3) 하루 매상 150만원-대박 아닌 중박을 이룬 업소

한 달 총매출 : 150만원 x 30일 = 4,500만원

재료비(30%~35% 안팎) : 1,600만원 안팎

임대료 & 공과금 & 인건비(35%~40% 안팎) : 1,700만원 안팎

순이익률(25%~33%) : 1,200만원 안팎

(4) 하루 매상 30만원~40만원 일 경우-폐업 갈림길의 음식점

말 그대로 입에 풀칠하고 있는 상황에서 사업을 접지도 못하는 상황인 음식점을 말한다. 수입이 적기 때문에 사장이 직접 주방일을 할 수밖에 없다. 인건비 지출을 줄여야 하므로 종업원은 1~2인만 고용할 수 있는 상태다. 종업원 1인 고용 시 매장을 전부 담당하지 못하므로 사장 부인이 주방일도 거들고 매장일도 거드는 상황이 된다. 이렇게 되면 부부가 힘들어 지게 되고, 부인의 바가지 지수는 높아지며 이때쯤 되면 음식점 장사에 대해 체념하게 된다.

이런 점포는 십중팔구 1년 안에 문을 닫게 되거나, 코가 꿰인 상태로 어쩌지도 못하고 사업을 하는 상태가 지속된다.

하루 평균 매상 30만원 이하이면 이건 동네에서 관심조차 받지 못하는 음식점이란 뜻이고, 맛없는 집이거나 망해가는 음식점이라는 뜻이다. 다시 말해 동네 손님은 없고, 아주 소수의 단골손님과 우연히 걸려든 뜨내기손님을 받는 업소이다.

5천만원 이하 소자본 창업을 하면서 준비를 제대로 하지 않으면 이런 일이 쉽게 발생한다. 가장 큰 이유는 업종 선택이 잘못되어서이거나, 맛이 없어서이다. 이런 경우 1일 매상 폭의 변동이 매우 심한데 이것은 고객들에게 안 가도 되는 음식점으로 각인됐다는 뜻이다. 창업 15일이 지나도 하루 평균 매상이 30만 원 이하이면 바로 업종 변경을 해야 한다. 만일 밥집이었다면 술을 취급할 수 있는 업종으로 변경을 시도하면 매상을 더 올릴 수 있다.

(5) 하루 매상 60만원 일 경우-생활 유지형 음식점

하루 매상 60만원이라면 월수입이 400~500만원 정도이므로 집에 생활비를 가져갈 수 있고 음식점 경영 목적으로 자동차를 자유롭게 운용할 수 있는 상태이다. 자동차는 더 싼 식재료를 사러 다니는 용도로 사용한다. 우리 주변에서 볼 수 있는 평범한 음식점들보다는 좋은 실적이므로 일단 '맛'은 어느 정도 인정받은 집이라고 할 수 있다.

일을 할 때 가끔 자기 일이 행복하다는 생각이 들기도 하고 불행하다는 생각이 들기도 한다. 부부는 일심동체로 사업을 키우기 위해 더 열심히 노력하는 상태가 된다. 건물 임대료에 따라 다르겠지만 종업원은 1~2명 정도 고용할 수 있고 부부 중 한 사람이 주방을 맡아 인건비 부담을 줄일 수 있다.

그런데 이 경우가 가장 위험하다. 당장 먹고사는 방법이 마련되어 있으므로 가끔 행복지수가 올라가기는 하는데, 유명 맛집이 아닌 한 음식점의 매상은 세월이 흐를수록 떨어지기 마련이다. 예를 들어 옆집에 더 근사한 음식점이 들어오면 바로 타격이 온다는 뜻이다. 하지만 기존 단골이 있으므로 바로 매상이 떨어지지는 않고 2~5년 세월이 흘러가면서 아주 서서히 매상이 떨어진다. 어느 날은 매상이 90만원인데 어느 날은 매상이 20만원이 되기도 한다.

(6) 하루 매상 100만원일 경우-돈을 모을 수 있는 음식점

월 900만원 안팎의 수익이 발생하므로 몸은 고생해도 행복지수는 날로 높아진다. 월 순이익 1천만원 수준을 넘기면 이젠 자신의 음식점이 성공하였다고 자부하고, 자기는 가만히 있는데도 돈이 굴러들어온다고 착각한다. 이 상태이면 주방장과 종업원을 여러 명 고용한 뒤 부부는 놀러 다닐 수도 있는 상태가 되지만 돈 버는데 재미가 붙어 꼭 매장에 붙어 있으려고 한다. 이 경우 월수입을 전부 쓰지 말고 생활비를 제외한 나머지는 반드시 저축해야 한다. 저축한 금액은 몇 년 뒤 매장을 확장하거나 직영점을 내는 데 활용할 수 있다. 직영점 3개 정도 내면 더 바쁘게 살겠지만 최소한 돈 걱정은 안 하고 살 수 있을 것이다. 또한 천천히 프랜차이즈 사업을 시도할 수도 있다.

(7) 하루 매상 150만원일 경우-흔히 말하는 중박 음식점

하루 매상이 150만원인 점포는 흔히 말하는 중박 이상의 성공한 음식점들이다.

유명 햄버거 프랜차이즈 중에서 입지 조건이 나쁜 지방에 있는 점포인 경우 일매 110만원 정도를 찍는다. 대도시에서

지명도 낮은 지역에 있는 유명 햄버거 체인점들이 일매 130만원~180만원을 찍는다. 그리고 재래시장에서 볼 수 있는 시장 빵집 중 항상 손님이 바글바글대는 빵집이 일매 170만원을 찍는다.

30평 규모의 유명 한식 프랜차이즈 중에서 장사가 잘되는 점포가 일매 150만원 찍고, 장사가 잘되는 주점, 호프집, 고깃집, 일식집, 분식집이 일매 150만원을 찍는다.

(8) 하루 매상 200만 원-흔히 말하는 초대박 음식점

하루 매상 200만 원이면 객단가 7천 원 기준 1일 300인분을 판매하는 초대박 음식점이다. 월 1천 500만원~2천만원의 순수익이 발생한다. 물론 고기를 박리다매하는 주점이라면 이익률이 더 낮아질 것이다. 하루 200만 원 매출이 발생한다면 더할 나위 없이 좋은 시나리오이고 프랜차이즈 사업을 시도해도 성공할 확률이 높다. 또한 매출이 조금 떨어질 무렵이면 장사에 싫증날 수도 있는데 이때 권리금을 많이 받고 바로 팔아 버릴 수도 있다.

그런데 하루 매상 200만원 찍으려면 단골과 유동 인구가 중요하다. A급 상권에 입점한 유명 패스트푸드점, 외식업 체인점이 일매 200만원 이상 찍는다. A급 상권에서 장사가 잘 되는 고깃집, 한정식, 횟집, 주점, 퓨전음식점, 유명 한식체인점, 일식집, 분식집이 일매 200만원 이상 찍는다. A급 상권에 있는 퓨전포차도 히트치면 일매 200만원 이상 찍는다.

(9) 하루 매상 300만원 이상-맛집이거나, 유동 인구가 많거나, 매장 크기가 큰 음식점

유동 인구가 많은 오피스 밀집 지역은 20평 크기의 분식점도 장사를 잘하면 일매 300만 원 이상 찍기도 한다. 또한 지방의 전통적인 맛집이거나, 점포 크기가 상대적으로 큰 경우다. 객단가가 높은 음식점이거나, 부촌에서 장사가 잘되는 음식점이 이에 속한다.

A급 상권이거나 강남 부촌 등에서 장사가 잘되는 고깃집, 주점 등이 일매 300만원 이상 찍고, A급 상권으로 비즈니스 밀집 지역에서 장사가 잘되는 20평 크기의 분식점이 일매 300만 원 이상 찍는다. 대형 아파트단지에서 맛으로 유명한 개인 빵집도 일매 300만원 이상 찍는다.

갈비 숯불구이집이 부촌에서 초히트치면 일매 1,000만원을 찍는다. 바닷가의 유명 횟집이라면 일매 400만원 이상 찍는다. 더 유명하고 드라이브족이 많이 찾는 횟집이라면 일매 700만원을 찍기도 한다. 도시 외곽에 새로 음식점을 세웠는데 맛집으로 유명세를 타면서 손님들이 몰려온다면 일매 300만원 이상 찍고 업종에 따라 일매 500만원 찍는 집과 일매 700만원을 찍기도 한다.

(10) 하루 매상 1천만 원-기업형 음식점

유동 인구가 많은 곳에 위치한 유명 패밀리 레스토랑 가맹점들은 보통 일매 1천만원 이상을 찍는다. 유명 프랜차이즈의 본점은 대부분 대형이다. 이들 중 장사를 잘하는 본점들이 보통 일매 400만원, 500만원을 찍고, 일매 1천만 원 이상 찍는 본점도 있다. 보통 고깃집, 쌈밥집, 보쌈집, 오리요릿집처럼 객단가가 높은 업체들의 본점이 가능하다.

〈표 64〉 한식 갈비집의 초기 창업비용

품목	내용	금액
가맹비	·상표사용권 부여 및 지역 독점영업권 보장	·400만원 ※전략지역 할인이벤트 확인
교육비	·가맹점 운영 교육 및 매뉴얼 제공, 노하우 전수	600만원
물품 보증금	·본사 공급 원부자재에 대한 예치금(가맹계약 해지 시 반환)	~~400만원~~ → 200만원 ※200만원 할인행사
점포개발비	·나이스비즈맵과 SK텔레콤 상권분석 시스템	~~100만원~~ → 0원 ※100만원 할인행사
인테리어	·설계 및 3D 디자인/바닥타일 공사 ·목공사(자재/인건비/유리·금속 공사 ·전기, 조명공사/도장, 필름공사/사인물 일체	4200만원 ※33m² 당 140만원
홀/주방기물	·2인/4인 테이블, 단체석 일체 등	1500만원
간판	·외부 전면 잔넬 텍스트 간판 (4M) ·돌출 간판 및 사이드 간판	450만원
기기설비	·로스터(착화식), 삼중불판 ·냉장/냉동고, 간데기 etc, 육류냉장고 등 ·샐러드바, 아이스크림케이스, 식혜, 커피머신	2250만원
홍보/오픈지원	·웹카메라 1대/음향기기SET/홍보물 및 조형물 일체	50만원

〈표 65〉 외식업 초기 창업비용(단위 : 만 원)

구분	99.17m²	132.23m²	165.28m²	198.34m²	세부내역	비고
가맹비	800	800	800	800	상호·상표사용(브랜드가치) 등	소멸
교육비	200	200	200	200	메뉴·운영·서비스·식자재 교육	체류비 등 점주부담
인테리어	3900	5200	6500	7800	목공사, 설비, 방수공사, 천정, 전기 등	평당 130만 원
간판	500	600	700	750	전면LED간판, 돌출간판 등	그 외 별도
닥트	550	700	850	1000	외부 2층 기본, 내부 및 주방 닥트	3층 이상 별도
테이블·의자	400	520	640	760	홀 의·탁자	
테이블렌지	270	350	430	510	2구렌지	
주방기기·홀집기	2100	2700	3300	3900	식기세척기, 주방기기 등	주물불판은 본사 무료 대여
인쇄·홍보·소품	200	250	300	400	이벤트, 전단지, 추억의 소품 일체	
합계	8920	1억1320	1억3720	1억6120		

참고문헌

고승희, '만두 트렌드를 빛다', 헤럴드 경제, 2017.2.1.

권상은. 권광순. 정성원. 김정엽. 김석모, '전국의 국밥' 조선일
      보 2015.01.22.

김광희, '상권과 입지 장사 목', (서울:미래와 경영), 2005.

김미영, '10평의 기적', (서울:문화사), 2010.

김브로니, '주목받는 FC브랜드', 외식경영, 2015.2., 98-99.

김상훈, 「불멸의 창업인기아이템」, 월간외식경제(2016. 02.), 100.

_____, '운영 편의성, 가격 경쟁력에 주목', 월간식당, 2017,08,
      157.

김설아, '패밀리 레스토랑의 몰락, 질릴 법도 하지', 머니위크
      2015.03.19.

김성은, '프리미엄 김밥 전문점', 월간식당.

김영식.전용수.권규미, 「외식경영사례」, (서울:기문사), 321-355.

김준성, '주목할 프랜차이즈 외식경영', 2016.6., 102-103

김지원, '소상공인을 위한 디자인 가이드 매뉴얼 개발 연구 소상공
      인진흥원 , 2014.

_____, '프랜차이즈 집중탐구', 월간식당, 2014.2., 206-207.

김지윤, 헤럴드 경제, 2017.6.1.

박천수, '프랜차이즈 100', 창업경영신문, 2013.6.27.

이지연, 프랜차이즈 집중탐구 월간식당 2014 2 206-207

_____, '스테디셀러 분식아이템 김밥', 월간식당, 2013.4., 180-182.

월간식당 성공레시피 2015.12 136-138

육주희, '성공레시피', 월간식당, 2014.06, 102-108.

_____, '김밥 일번지', 월간식당, 2015.12., 135-138.

외식경영 주목받는 FC브랜드 2015.2 98-99

이재형, '외식경영 성공전략', 외식경영, 2016.1., 134-135.

이홍구, '무인화.셀프시스템 도입한 저가형 국밥시장', 월간식당, 2017.08, 155-156.

지유리, '신규프랜차이즈 5선', 창업&프랜차이즈 2017.1, 220-221.

최영욱. 노상욱(2010), 「잘되는 이색 아이템」, (서울 : ㈜새빛에 듀넷).

황해원, 'FC집중탐구. 방스만두', 월간식당, 2015.11, 178-179.

공정거래위원회 가맹사업거래 정보공개서 2015~2016

국민건강보험공단, http://www.nhic.or.kr

소상공인진홍원 상권분석시스템, http://sg.smba.go.kr

한국음식업중앙회, http://www.ekra.or.kr

한국프랜차이즈협회, http://www.ikfa.or.kr

한국휴게음식업중앙회, http://www.efa.or.kr

통계청, http://www.kostat.go.kr

SBS NeTV, http://netv.sbs.co.kr

한눈에 읽는 외식창업 성공이야기 [시리즈 19]

톡톡 튀는 프리미엄 김밥 전문점

발 행 일 : 2018年 6月 1日

저   자 : 김 병 욱

발 행 처 : 킴스정보전략연구소

홈 페 이 지 : http://www.kimsinfo.co.kr

주   소 : 서울시 강동구 성내로8길 9-19(성내동
550-6) 유봉빌딩 301호(☎ 482-6374~5,
FAX : 482-6376)

출판등록번호 : 제17-310호(등록일: 2001.12.26)

인   쇄 : 으 뜸 사

I S B N : 979-11-7012-151-0

※ 당 연구소에서 발간하는 도서구입, 도서발행, 연구위탁, 강의, 내용질의,
컨설팅, 자문 등에 대한 문의 ☎(02)482-6374.